墨 人 著

本全集保留作者手批手稿

墨人博士作品全集【全60冊】

第三十四冊 碎心記

文史哲出版社印行

國家圖書館出版品預行編目資料

墨人博士作品全集 / 墨人著 -- 初版 -- 臺北市:文史哲, 民 100.12
頁： 公分
ISBN 978-957-549-987-7 (全套 60 冊：平裝)

1.現代文學 2. 中國文學 3.別集

848.6 100022602

墨人博士作品全集【全60冊】

第三十四冊 碎心記

著 者：墨 人
出 版 者：文 史 哲 出 版 社
http://www.lapen.com.tw
登記證字號：行政院新聞局版臺業字五三三七號
發 行 人：彭 正 雄
發 行 所：文 史 哲 出 版 社
印 刷 者：文 史 哲 出 版 社
臺北市羅斯福路一段七十二巷四號
郵政劃撥帳號：一六一八〇一七五
電話886-2-23511028・傳真886-2-23965656
【全60冊】定價新臺幣 36,800 元
中華民國一百年（2011）十二月初版

ISBN 978-957-549-987-7 08992

墨人博士著作品全集　總　目

一、散文類

二、長篇小說

三、中短篇小說散文合集

四、詩詞及論評

附：外篇

墨人的一部文學千秋史

張萬熙先生，筆名墨人，江西九江人，民國九年生。爲一位享譽國內外名小說家、詩人、學者。歷任軍、公、教職。六十五歲始自從國民大會簡任一級加年功俸的資料組長兼圖書館長公職崗位退休，但已是中國文壇上一位閃亮的巨星。出版有：《全唐詩尋幽探微》、《紅樓夢的寫作技巧》、二百九十多萬字的大長篇小說《紅塵》、《白雪青山》、《春梅小史》；詩集：《哀祖國》；散文集：《小園昨夜又東風》……。民國五十年、五十一年連續以短篇小說，兩次入選維也納納富出版公司出版的《世界最佳小說選集》。七十歲時自東吳大學中文系教席二度退休，仍著述不輟，爲國寶級文學家。墨人博士在臺勤於創作六十多年（在大陸時期已創作十年），並以其精通儒、釋、道之學養，綜理戎機、參贊政務、作育英才，更以其對傳統文學的精湛造詣，與對新文藝的創作，在國際上贏得無數榮譽，如：美國世界大學榮譽文學博士、美國馬奎士國際大學榮譽文學博士、美國艾因斯坦國際學院榮譽人文學博士（包括哲學、文學、藝術、語言四類）、英國劍橋國際傳記中心副總裁（代表亞洲）、英國莎士比亞詩、小說與人文學獎得主，現在出版《全集》中。

壹、家世．堂號

張萬熙先生，江西省德化人（今九江），先祖玉公，明末時以提督將軍身份鎮守雁門關，蒙古騎兵入侵，戰死於東昌，後封爲「河間王」。其子輔公，進士出身，歷任文官。後亦奉召領兵「三定交趾」，因戰功而封爲「定興王」。其子貞公亦有兵權，因受奸人陷害，自蘇州嘉定（即今上海市一區），謫居潯陽（今江西九江）。祖宗牌位對聯爲：嘉定源流遠，潯陽歲月長；右書「清河郡」、左寫「百忍堂」。

貳、來臺灣的過程

民國三十八年，時局甚亂，張萬熙先生攜家帶眷，在兵荒馬亂人心惶惶時，張先生從湖南長沙火車站，先將一千多度的近視眼弱妻，與四個七歲以下子女，從車窗口塞進車廂，自己則擠在廁所內動彈不得，千辛萬苦的從湖南長沙搭火車南下廣州，從廣州登商輪來臺。七月三日抵基隆，由同學顧天一先生，接到臺北縣永和鎮鄉下暫住。

參、在臺灣一甲子奮鬥的過程

一、初到臺灣的生活

家小安頓妥後，張萬熙先生先到臺北萬華，一家新創刊的《經濟快報》擔任主編，但因財務不濟，四個月不到便草草結束。幸而另謀新職，舉家遷往左營擔任海軍總司令辦公室秘書，負責紀錄整理所有軍務會報紀錄。

民國四十六年，張先生自左營來臺北任職國防部史政局編纂《北伐戰史》（歷時五年多浩大工程，編成綠布面精裝本、封面燙金字《北伐戰史》叢書），完成後在「八二三」炮戰前夕又調任國防部總政治部，主管陸、海、空、聯勤文宣業務，四十七歲自軍中正式退役後轉任文官，在臺北市中山堂的國民大會主編研究世界各國憲法政治的十六開大本的《憲政思潮》，作者、譯者都是台灣大學、政治大學的教授、系主任，首開政治學術化先例。

張先生從左營遷到臺北大直海軍眷舍，只是由克難的甘蔗板隔間眷舍改爲磚牆眷舍，大小一般，但邊間有一片不小的空地，子女也大了，不能再擠在一間房屋內，因此，張先生加蓋了三間竹屋安頓他們。但眷舍右上方山上是一大片白色天主教公墓，在心理上有一種「與鬼爲鄰」的感覺。張夫人有一千多度的近視眼，她看不清楚，子女看見嘴裡不講，心裡都不舒服。張先生自軍中假退役後，只拿八成俸。

張先生因爲有稿費、版稅，還有些積蓄，除在左營被姓譚的同學騙走二百銀元外，剩下的積蓄還可以做點別的事。因爲住左營時在銀行裡存了不少舊臺幣，那時左營中學附近的土地只要三塊多錢一坪，張先生可以買一萬多坪。但那時政府的口號是「一年準備，兩年反攻，三年掃蕩，五年成功。」張先生信以爲真，三十歲左右的人還是「少不更事」，平時又忙著上班、寫作，實在不懂政治、經濟大事，以爲政府和「最高領袖」不會騙人，五年以內真的可以回大陸，張先生又有「戰士授田證」。沒想到一改用新臺幣，張先生就損失一半存款，呼天不應。但天理不容，姓譚的同學不但無后，也死了三十多年，更沒沒無聞。張先生作人、看人的準則是：無論幹什麼都是「誠信」第一，因果比法律更公平、更準。欺人不可欺心，否則自食其果。

二、退休後的寫作生活

張先生四十七歲自軍職退休後，轉任台北市中山堂國大會主編十六開大本研究各國憲法政治的《憲政思潮》十八年，時任簡任一級資料組長兼圖書館長。並在東吳大學兼任副教授二十年、香港廣大學院指導教授、講座教授、指導論文寫作、不必上課。六十四歲時即請求自公職提前退休，以業務重要不准，但取得國民大會秘書長（北京朝陽大學法律系畢業）何宜武先生的首肯，六十五歲依法退休。當時國民大會、立法院、監察院簡任一級主管多延至七十歲退休，因所主管業務富有政治性，與單純的行政工作不同，六十五歲時張先生雖達法定退休年齡，還是延長了四個月才正式退休，何秘書長宜武大惑不解地問張先生：「別人請求延長退休而不可得，你爲什麼反而要求退休？」張先生答以「專心寫作」，何秘書長才坦然不疑。退休後日夜寫作，因胸有成竹，很快完成了一百九十多萬字的大長篇小說《紅塵》，在鼎盛時期的《臺灣新生報》連載四年多，開中國新聞史中報紙連載最大長篇小說先河。但報社還不敢出版，經讀者熱烈反映，才出版前三大冊。當年十二月即獲行政院新聞局「著作金鼎獎」與嘉新文化基金會「優良著作獎」，亦無前例。《台灣新生報》又出九十三章至一百二十二章，只好名爲《續集》。墨人在書前題五言律詩一首：

浩劫未埋身，揮淚寫紅塵，非名非利客，孰晉孰秦人？
毀譽何清問？吉凶自有因。天心應可測，憂道不憂貧。

二〇〇四年初，巴黎 **youfeng** 書局出版豪華典雅的法文本《紅塵》，亦開「五四」以來中文作家大長篇小說進入西方文學世界重鎮先河。時爲巴黎舉辦「中國文化年」期間，兩岸作家多由政府資助出席，張先生未獲任何資助，亦未出席，但法文本《紅塵》卻在會場展出，實爲一大諷刺。張先生一生「只問耕耘，不問收穫」的寫作態度，七十多年來始終如一，不受任何外在因素影響。

肆、特殊事蹟與貢獻

一、《紅塵》出版與中法文學交流

《紅塵》寫作時間跨度長達一世紀，由清朝末年的北京龍氏家族的翰林第開始，寫到八國聯軍、滿清覆亡、民國初建、八年抗日、國共分治下的大陸與臺灣，續談臺灣的建設發展、開放大陸探親等政策。空間廣度更遍及大陸、臺灣、日本、緬甸、印度，是一部中外罕見的當代文學鉅著。墨人五十七歲時應邀出席在西方文藝復興聖地佛羅倫斯所舉辦的首屆國際文藝交流大會，會後環遊地球一周。七十歲時應邀訪問中國大陸四十天，次年即出版《大陸文學之旅》。《紅塵》一書最早於臺灣新生報連載四年多，並由該報連出三版，臺灣新生報易主後，將版權交由昭明出版社出版定本六卷。由於本書以百年來外患內亂的血淚史爲背景，寫出中國人在歷史劇變下所顯露的生命態度、文化認知、人性的進取與沉淪，引起中外許多讀者極大共鳴與回響。

旅法學者王家煜博士是法國研究中國思想的權威，曾參與中國古典文學的法文百科全書翻譯工作，他認爲深入的文化交流仍必須透過文學，而其關鍵就在於翻譯工作。從五四運動以來，中西文化交流一直是西書中譯的單向發展。直到九十年代文建會提出「中書外譯」計畫，臺灣作家才逐漸被介紹到西方，如此文學鉅著的翻譯，算是一個開始。

王家煜在巴黎大學任教中國上古思想史，他指出《紅塵》一書中所引用的詩詞以及蘊含中國思想的博大精深，是翻譯過程中最費工夫的部分。為此，他遍尋參考資料，並與學者、詩人討論，歷時十年終於完成《紅塵》的翻譯工作，本書得以出版，感到無比的欣慰。他笑著說，這可說是「十年寒窗」。

《紅塵》法文譯本分上下兩大冊，已由法國最重要的中法文書局「友豐書店」出版。友豐負責人潘立輝謙沖寡言，三十年多來，因對中法文化交流有重大貢獻而獲得法國授予文化「騎士勳章」的榮譽。他於五年前開始成立出版部，成為歐洲一家以出版中國圖書法文譯著為主業的華人出版社。

潘立輝表示，王家煜先生的法文譯筆典雅、優美而流暢，使他收到「紅塵」譯稿時，愛得不忍釋手，他以一星期的時間一口氣看完，經常讀到凌晨四點。他表示出版此書不惜成本，不太可能賺錢，卻感到十分驕傲，因為本書能讓不懂中文的旅法華人子弟，更瞭解自己文化根源的可貴之處，同時，本書的寫作技巧必對法國文壇有極大影響。

二、不擅作生意

張先生在六十五歲退休之前，完全是公餘寫作，在軍人、公務員生活中，張先生遭遇的挫折不少。軍職方面，張先生只升到中校就不做了，因為過去稱張先生為前輩、老長官的人都成為張先生的上司，張先生怎麼能做？因為張先生的現職是軍聞社資料室主任（他在南京時即任國防部新創立的「軍事新聞總社」實際編輯主任，因言守元先生是軍校六期老大哥，未學新聞，不在編輯之列）。但張先生以不求官，只求假退役，不擋人官路，這才退了下來。那時養來亨雞風氣盛行，在南京軍聞總社任外勤記者的姚秉凡先生頭腦靈活，他即時養來亨雞，張先生也「東施效顰」，結果將過去稿費積蓄全都賠光。

三、家庭生活與運動養生

張先生大兒子考取中國廣播公司編譯，結婚生子，廿七年後才退休，長孫修明取得美國南加州大學電機碩士學位，之後即在美國任電機工程師。五個子女均各婚嫁，小兒子選良以獎學金取得美國華盛頓大學化學工程博士，媳蔡傳惠為伊利諾理工學院材料科學碩士，兩孫亦已大學畢業就業，落地生根。

張先生兩老活到九十一、九十二歲還能照顧自己。（近年以一印尼女「外勞」代做家事）張先生一伏案寫作四、五小時都不休息，與臺大外文系畢業的長子選翰兩人都信佛，六十五歲退休後即吃全素。低血壓十多年來都在五十五至五十九之間，高血壓則在一百一十左右，走路「行如風」，年輕人很多都跟不上張先生，比起初來臺灣時毫不遜色，這和張先生運動有關。因為張先生住大直後山海軍眷舍八年，眷舍右上方有一大片白色天主教公墓，諸事不順，公家宿舍小，又當西曬，張先生靠稿費維持七口之家和五個子女的教育費。三伏天右手墊塡著毛巾，背後電扇長吹，三年下來，得了風濕病，手都舉不起來，花了不少錢都未治好。後來章斗航教授告訴張先生，圓山飯店前五百完人塚廣場上，有一位山西省主席閻錫山的保鏢王延年先生在教太極拳，勸張先生天一亮就趕到那裡學拳，一定可以治好。張先生一向從善如流，第二天清早就向王延年先生報名請教，王先生有教無類，收張先生這個年已四十的學生，王先生先不教拳，只教基本軟身功攀腿，卻受益非淺。

四、耿直的公務員性格

張先生任職時向來是「不在其位，不謀其政」。後來升簡任一級組長，有一位「地下律師」的專員，平時鑽研六法全書，混吃混喝，與西門町混混都有來往，他的前任爲大畫家齊白石女婿，平日公私不分，是非不明，借錢不還，沒有口德，人緣太差，又常約那位「地下律師」專員到家中打牌。那專員平日不簽到，甚至將簽到簿撕毀他都不哼一聲，因爲爲他多報年齡，屆齡退休時想更改年齡，但是得罪人太多，金錢方面更不清楚，所以不准再改年齡，組長由張先生繼任。

張先生第一次主持組務會報時，那位地下律師就在會報中攻擊圖書科長，張先生立即申斥，並宣佈記過。簽報上去處長都不敢得罪那地下律師，又說這是小事，想馬虎過去，張先生以秘書處名譽紀律爲重，非記過不可，讓他去法院告張先生好了。何宜武祕書長是學法的，他看了張先生簽呈同意記過，那位地下律師「專員」不但不敢告，只暗中找一位不明事理的國大「代表」來找張先生的麻煩。因事先有人告訴他，張先生完全不理那位代表，他站在張先生辦公室門口不敢進來，幾分鐘後悄然而退。人不怕鬼，鬼就怕人。諺云：「一正壓三邪」，這是經驗之談。直到張先生退休，那位專員都不敢惹事生非，西門町流氓也沒有找張先生的麻煩，當年的代表十之八九已上「西天」，張先生活到九十二歲還走路「行如風」，一坐到書桌，能連續寫作四、五小時而不倦，不然張先生怎麼能在兩岸出版約三千萬字的作品？

（原載新文豐《紮根台灣六十年》，墨人民國一百年十一月十三日校正）

墨人博士作品全集

文學是千秋藝業
秦皇漢武今何在
李白杜甫仍風流

全集共分四大類
一、散文類　六小類
二、文學理論類
四、新詩古典詩詞類

我出生於一個「萬般皆下品，惟有讀書高」的傳統文化家庭，且深受佛家思想影響，因祖母信佛，兩個姑母先後出家，大姑母是帶著賠嫁的錢購買依山傍水風景很好，上名山廬山的必經之地的「天后宮」出家的，小姑母的廟則在鬧中取靜的市區。我是父母求神拜佛後出生的男子，並寄名佛下，乳名聖保，上有二姊下有一妹都夭折了，在那個重男輕女的時代！我自然水漲船高了。我記得四、五歲時一位面目清秀，三十來歲文質彬彬的李瞎子替我算命，母親問李瞎子，我的命根穩不穩？能不能養大成人？李瞎子說我十歲行運，幼年難免多病，可以養大成人，但是會遠走高飛。母親聽了憂喜交集，在那個時代不但妻以夫貴。也以子貴，有兒子在身邊就多了一層保障。母親的心理壓力很大，李瞎子的「遠走高飛」那句話可不是一句好話。

到現在八十多年了，我還記得十分清楚。母親暗自憂心。何況科舉已經廢了，不必「進京趕考」，更不會「當兵吃糧」，安安穩穩作個太平紳士或是教書先生不是很好嗎？我們張家又是大族，人多勢眾，不會受人欺侮，何況二伯父的話此法律更有權威，人人敬仰，去外地「打流」又有什麼好處？因此我剛滿六歲就正式拜孔夫子入學啓蒙，從《三字經》、《百家姓》、《千字文》、《千家詩》、《論語》、《大學》、《中庸》……《孟子》、《詩經》、《左傳》讀完了都要整本背，在十幾位學生中，也只有我一人能背，我背書如唱歌，窗外還有人偷聽，他們實在缺少娛樂。除了我父親下雨天會吹吹笛子、簫，消遣之外，沒有別的娛樂，我自幼歡喜絲竹之音，但是很少聽到。讀書的人也只有我們三房、二房兩兄弟，二伯父在城裡當紳士，偶爾下鄉排難解紛，他是一族之長，更受人尊敬，因爲他大公無私，又有一百八十公分左右的身高，眉眼自有威嚴，能言善道，他的話比法律更有效力，加之民性純樸，真是「夜不閉戶，道不失遺」。只有「夏都」廬山才有這麼好的治安。我十二歲前就讀完了四書、詩經、左傳、千家詩。我最喜歡的是《千家詩》和《詩經》。

關關雎鳩，在河之洲，
窈窕淑女，君子好逑。

我覺得這種詩和講話差不多，可是更有韻味。我就喜歡這個調調。《千家詩》我也喜歡，我背得更熟。開頭那首七言絕句詩就很好懂：

雲淡風清近午天，傍花隨柳過前川。
時人不識余心樂，將謂偷閒學少年。

老師不會作詩，也不講解，只教學生背，我覺得這種詩和講話差不多，但是更有韻味。我也了解大意，我以讀書爲樂，不以爲苦。這時老師方教我四聲平仄，他所知也止於此。

我也喜歡《詩經》，這是中國最古老的詩歌文學，是集中國北方詩歌的大成。可惜三千多首被孔子刪得只剩三百首。孔子的目的是：「詩三百，一言以蔽之，曰思無邪。」孔老夫子將《詩經》當作教條。詩是人的思想情感的自然流露，是最可以表現人性的。先民質樸，孔子既然知道「食色性也」，對先民的集體創作的詩歌就不必要求太嚴，以免喪失許多文學遺產和地域特性。楚辭和詩經不同，就是地域特性和風俗民情的不同。文學藝術不是求其同，而是求其異。這樣才會多彩多姿。文學不應成爲政治工具，但可以移風易俗，亦可淨化人心。我十二歲以前所受的基礎教育，獲益良多，但也出現了一大危機，沒有老師能再教下玄。幸而有一位年近二十歲的姓王的學生在廬山一未立案的國學院求學，他問我想不想去？我自然想去，但廬山夏涼，冬天太冷，父親知道我的心意，並不反對，他對新式的人手是刀尺的教育沒有興趣，我便在飄雪的寒冬同姓王的爬上廬山，我生在平原，這是第一次爬上高山。

在廬山我有幸遇到一位湖南岳陽籍的閻毅字任之的好老師，他只有三十二歲，飽讀詩書，與民國初期的江西大詩人散原老人唱和，他的王字也寫的好。有一天他要六七十位年齡大小不一的學生各寫一首絕句給他看，我寫了一首五絕交上去，廬山松樹不少，我生在平原是看不到松樹的，我是即景生情，信手寫來，想不到閻老師特別將我從大教室調到他的書房去，在他右邊靠牆壁另加一桌一椅，教我讀書寫字，並且將我的名字「熹」改爲「熙」，視我如子。原來是他很欣賞我那首五絕中的「疏松月影亂」這一句。我只有十二歲，不懂人情世故，也不了解他的深意。時任漢口市長張群的侄子張繼文還小我一歲，卻是個天不怕、地不怕的小太保，江西省主席熊式輝的兩個小舅子大我幾歲，閻老師的侄子卻高齡二十八歲。學歷也很懸殊，有上過大學的、高中的，多是對國學有興趣，支持學校的袞袞諸公也都是有心人士，新式學校教育日漸西化，國粹將難傳承，所以創辦了這樣一個尚未立案的國學院，也未大張旗鼓正式掛牌招生，但聞風而至的要人子弟不少，校方也本著「有教無類」的原則施教，閻老師也是義務施教，他與隱居廬山的要人嚴立三先生也有交往。（抗日戰爭一開始嚴立三即出山任湖北省主席，諸閻老師任省政府秘書，此是後話。）同學中權貴子弟亦多，我雖不是當代權貴子弟，但九江先組玉公以提督將軍身分抵抗蒙古騎兵入侵雁門關戰死東昌(雁門關內北京以西縣名,一九九〇年我應邀訪問大陸四十天時去過。)而封河間王;其子輔公。以進士身分出仕,後亦應昭領兵三定交趾而封定興王;其子貞公亦有兵權,因受政客讒害而自嘉定謫居潯陽。大詩人白居易亦曾謫爲江州司馬,我另一筆名即用江州司馬。我是黃帝第五子揮的後裔,他因善造弓箭而賜姓張。遠祖張良是推薦韓信爲劉邦擊敗楚霸王項羽的漢初三傑之首。他有知人之明,深知劉邦可以共患難,不能共安樂,所以悄然引退,作逍遙遊,不像韓信爲劉邦拼命打天下,立下汗馬功勞,雖封三齊王卻死於未央宮呂后之手。這就是不知進退的後果。我很敬佩張良這位遠祖,抗日戰爭初期(一九三八)我爲不作「亡國奴」,即輾轉赴臨時首都武昌以優異成績考取軍校,一位落榜的姓熊的同學帶我們過江去漢口。中共未公開招生的「抗日大學」(當時國共合作抗日,中共在漢口以「抗大」名義吸收人才。)辦事處參觀,接待我們的是一位讀完大學二年級才貌雙全,口才奇佳的女生獨對我說負責保送我免試進「抗大」一期,因未提其他同學,我不去。一年後我又在軍校提前一個月畢業,因我又考取陪都重慶中央政府培養高級軍政幹部的中央訓練團,而特設的新聞「新聞研究班」第一期,與我同期的有爲新詩奉獻心力的覃子豪兄(可惜五十二歲早逝)和中央社東京分社主任兼國際記者協會主席的李嘉兄。他在我訪問東京時曾與我合影留念,並親贈我精裝《日本專欄》三本。他七十歲時過世,這兩張照片我都編入「全集」一百九十多萬字的空前大長篇小說(紅塵)照片類中。而今在台同學只有兩位了。

民國二十八年(一九三九)九月我以軍官、記者雙重身分,奉派到第三戰區最前線的第三十二集團軍上官雲相總部所在地，唐宋八大家之一，又是大政治家王安石，尊稱王荆公的家鄉臨川，（屬撫州市）作軍事記者，時年十九歲，因第一篇戰地特寫《臨川新貌》經第三戰區長官都主辦的行銷甚廣的《前線日報》發表，隨即由淪陷區上海市美國人經營的《大美晚報》轉載，而轉爲文學創作，因我已意識到新聞性的作品易成「明日黃花」，文學創作則可大可久，我爲了寫大長篇《紅塵》、六十四歲時就請求提前退休，學法出身的秘書長何宜武先生大惑不解，他對我說：

「別人想幹你這個工作我都不給他，你爲什麼要退？」我幹了十幾年他只知道我是個奉公守法的張萬熙，不知道我是「作家」墨人，有一次國立師範大學校長劉真先生告訴他張萬熙就是墨人，劉校長看了我在當時的「中國時報」發表的幾篇有關中國文化的理論文章，他希望我繼續寫，劉校長真是有心人。沒想到他在何宜武秘書長面前過獎，使我不能提前退休，要我幹到六十五歲多四個月才退了下來。現在事隔二十多年我才提這件事。鼎盛時期的（台灣新生報）連載四年多的拙作《紅塵》出版前三冊時就同時獲得新聞局著作金鼎獎和嘉新文化基金會「優良著作獎」，劉真校長也是嘉新文化基金會的評審委員之一，他一定也是投贊成票的。「世有伯樂而後有千里馬」。我九十二歲了，現在經濟雖不景氣，但我還是重讀重校了拙作「全集」我一向只問耕耘，不問收穫，我歷任軍、公、教三種性質不同的職務，經過重重考核關卡，寫作七十三年，經過編者的考核更多，我自己從來不辦出版社。我重視分工合作。我頭腦清醒，是非分明，歷史人物中我更敬佩遠祖張良，不是劉邦。張良的進退自如我更歎服。在政治角力場中要保持頭腦清醒，人性尊嚴並非易事。我們張姓歷代名人甚多，我對遠祖張良的進退自如尤爲歎服，因此我將民國四十年在台灣出生的幼子依譜序取名選良。他早年留美取得化學工程博士學位，雖有獎學金，但生活仍然艱苦，美國地方大，出入非有汽車不可，這就不是獎學金所能應付的，我不能不額外支持，他取得化學工程博士學位與取得材料科學碩士學位的媳婦蔡傳惠雙雙回台北探親，且各有所成，幼子曾研究生產了飛機太空船用的抗高溫的纖維，媳婦則是一家公司的經理，下屬多是白人，兩孫亦各有專長，在台北出生的長孫是美國南加州大學的電機碩士，在經濟不景氣中亦獲任工程師，我不要第三代走這條文學小徑，是現實客觀環境的教訓，我何必讓第三代跟我一樣忍受生活的煎熬，這會使有文學良心的人精神崩潰的。我因經常運動，又吃全素二十多年，九十二歲還能連寫四、五小時而不倦。我寫作了七十多年，也苦中有樂，但心臟強，又無高血壓，一是得天獨厚，二是生活自我節制，我到現在血壓還是60—110之間，沒有變動，寫作也少戴老花眼鏡，走路仍然「行如風」，十分輕快，我在國民大會主編《憲政思潮》十八年，看到不少在大陸選出來的老代表，走路兩腳在地上蹉跎，這就來日不多了。個人的健康與否看他走路就可以判斷，作家寫作如在八十歲以後還不戴老花眼鏡，沒有高血壓，長命百歲絕無問題。如再能看輕名利，不在意得失，自然是仙翁了。健康長壽對任何人都很重要，對詩人作家更重要。

一九九〇年我七十歲應邀訪問大陸四十天作「文學之旅」時，首站北京，我先看望已九十高齡的老前輩散文作家，大家閨秀型的風範，平易近人，不慍不火的冰心，她也「勞改」過，但仍心平氣和。本來我也想看看老舍，但老舍已投湖而死，他的公子舒乙是中國現代文學館的副館長，他也出面接待我，還送了我一本他編寫的《老舍之死》，隨後又出席了北京詩人作家與我的座談會，參加七十賤辰的慶生宴，彈指之間卻已二十多年了。我訪問大陸四十天，次年即由台北「文史哲出版社」出版照片文字俱備的四二五頁的《大陸文學之旅》。不虛此行。大陸文友看了這本書的無不驚異，他們想不到我七十一高齡還有這樣的快筆，而又公正詳實。他們不知我行前的準備工作花了多少時間，也不知道我一開筆就很快。

我拜會的第二位是跌斷了右臂的詩人艾青，他住協和醫院，我們一見如故，他是浙江金華人，卻體格高大，性情直爽如燕趙之士，完全不像南方金華人。我們一見面他就緊握著我的手不放，侃侃而談，我不知道他編《詩刊》時選過我的新詩。在此之前我交往過的詩人作家不少，沒有像他如此豪放真誠，我告別時他突然放聲大哭，陪我去看他的北京新華社社長族侄張選國先生，陪我四十天作《大陸文學之旅》的廣州電視台深圳站站長高麗華女士，文字攝影記者譚海屏先生等多人，不但我為艾青感傷，陪同我去看艾青的人也心有戚戚焉，所幸他去世後安葬在八寶山中共要人公墓，他是大陸唯一的詩人作家有此殊榮。台灣單身詩人同上校軍文黃仲琮先生，死後屍臭才有人知道，他小我二歲，如我不生前買好八坪墓地，連子女也只好將我兩老草草火化，這是與我共患難一生的老伴死也不甘心的，抗日戰爭時她父親就是我單獨送上江西南城北門外義山土葬的。這是中國人「入土為安」的共識。也許有讀者會問這和文學創作有什麼關係？但文學創作不是單純的文字工作，而是作者整個文化觀、文學觀，人生觀的具體表現，不可分離。詩人作家不能「瞎子摸象」，還要有「舉一反三」的能力。我做人很低調。寫作也不唱高調，但也會作不平之鳴、仗義直言。我不鄉愿，我重視一步一個腳印，「打高空」可以譁眾邀寵於一時，但「旁觀者清」，讀者中藏龍臥虎，那些不輕易表態的多是高人。高人一旦直言不隱，會使洋洋自得者現出原形。作品一旦公諸於世，一切後果都要由作者自己負責，這也是天經地義的事。

我寫作七十多年無功無祿，我因熬夜寫作頭暈住馬偕醫院一個星期也沒有人知道，更不像大陸的當代作家、詩人是有給制，有同教授的待過，而稿費、版稅都歸作者所有。依據民國九十八年一月十日「中國時報」A十四版「二〇〇八年中國作家富豪榜單」二十五名收入人民幣的數字統計，第一高的郭敬明一年是一千三百萬人民幣，第二名鄭淵潔是一千一百萬人民幣，第三名楊紅櫻是九百八十萬人民幣。最少的第二十五名的李西閩也有一百萬人民幣，以人民幣與台幣最近的匯率近一比四．五而言，現在大陸作家一年的收入就如此之多，是我一九九〇年應邀訪問大陸四十天作文學之旅時所未想像到的，而現在的台灣作家與我年紀相近的二十年前即已停筆，原因之一是發表出版兩難，二是年齡太大了。民國九十八年（二〇〇九）以前就有張漱菡（本名欣禾）、尹雪曼、劉枋、王書川、艾雯、嚴友梅六位去世，嚴友梅還小我四、五歲，小我兩歲的小說家楊念慈則行動不便，翳鬢相當長，可以賣老了。我托天佑，又自我節制，二十多年來吃全素，又未停止運動，也未停筆，最近在台北榮民總醫院驗血檢查，健康正常。我也有我的養生之道，每天吃枸杞子明目，吃南瓜子抑制攝護腺肥大，多走路、少坐車，伏案寫作四、五小時而不疲倦，此非一日之功。

民國九十八（二〇〇九）己丑，是我來台六十周年，這六十年來只搬過兩次家，第一次從左營搬到台北大直海軍眷舍，在那一大片天主教白色公墓之下，我原先不重視風水，也無錢自購住宅，想不到鄰居的子女有得神經病的，有在金門車禍死亡的，大人有坐牢的，有槍斃的，也有得神經病的，我退役養雞也賠光了過去稿費的積蓄，讀台大外文系的大兒子也生病，我則諸事不順，直到搬到大屯山下坐北朝南的兩層樓的獨門獨院自宅後，自然諸事順遂，我退休後更能安心寫作，遠離台北市區，真是「市遠無兼味，地僻客來稀。」同里鄰的多是市井小民，但治安很好，誰也不知道我是爬格子的，連警察先生也不光顧舍下，除了近十年常有人打電話來騙我，幸未上大當外，我安心過自己的生活。當年「移民潮」去不了美國的也會去加拿大，我是「美國人」的祖父，我不移民美國，更別說去加拿大了。娑婆世界無常，早年即移民美國的琦君（本名潘希真）、彭歌，最後還是回到台灣來了，這不能說台灣是「天堂」，以我的體驗而言是台北市氣候宜人，夏天三十四度以上的日子少，冬天十度以下的日子也很少，老年人更不能適應零度以下的氣溫，我只有冬天上大屯山、七星山頂才能見雪。有高血壓、心臟病的老人更不能適應。我不想做美國公民，做台灣平民六十多年，也沒有自卑感。

娑婆世界是一個無常的世界，天有不測風雲，人有旦夕禍福，老子早說過：「福兮禍所倚，禍兮福所伏。」禍福無門，唯人自招。我一生不起歪念，更不損人利己，與人爲善。雖常吃暗虧，只當作上了一課。這個花花世界是我學不完的大教室，萬丈紅塵其中也有黑洞，我心存善念，更不造文字孽，不投機取巧，不違背良知，蒼天自有公斷，我本著文學良心寫作，盡其在我而已，讀者是最好的裁判。

民國一〇〇年（二〇一一）辛卯七月二十九日下午六時二十三分於紅塵寄廬

1951 年墨人 31 歲與夫人曾麗春女士（30 歲）結婚十周年紀念合影於左營

墨人博士七十壽辰與夫人曾麗春女士合影。此照為大翻譯家、文學理論家黃文範先生所攝，並在照片背後題「南山北海惟仁者壽」。

民國二十九年(1940)作者墨人在江西南城戎裝照。

1939 年墨人即自戰時陪都四川重慶奉派至江西臨川王安石家鄉，第三戰區前線任軍事記者創辦軍報，提供抗日官兵精神食糧。時年19歲。

2010 年「五四」作者墨人 91 歲在花蓮和南寺家人合影

2003 年 8 月 26 日作者墨人（中）在含鄱口觀山景點與作者長女韻華、長子選翰、三女韻湘、二女韻真合影。

2005 年 2 月作者次子選良（右一）回台北與父（右二）及作者夫人（中）三女韻湘（左二）二女韻真（左一）合影。

作者墨人在書房留影，時年八十五歲。

《墨人博士大長篇小說〈紅塵〉法文譯本封面照片》

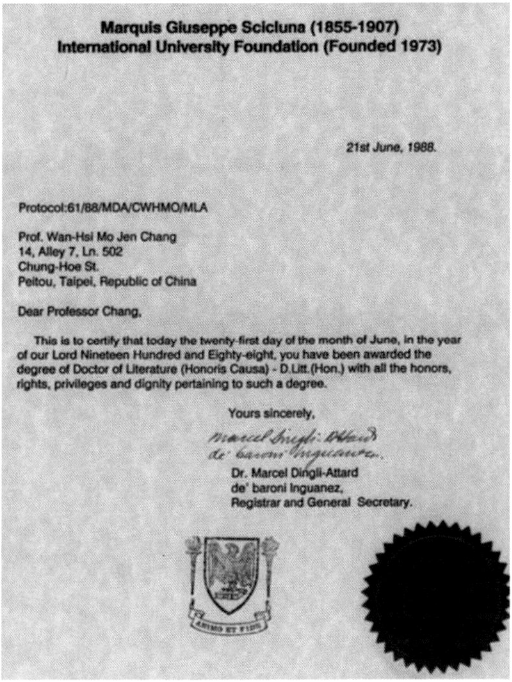

Marquis Giuseppe Scicluna (1855-1907)
International University Foundation (Founded 1973)

21st June, 1988.

Protocol:61/88/MDA/CWHMO/MLA

Prof. Wan-Hsi Mo Jen Chang
14, Alley 7, Ln. 502
Chung-Hoe St.
Peitou, Taipei, Republic of China

Dear Professor Chang,

This is to certify that today the twenty-first day of the month of June, in the year of our Lord Nineteen Hundred and Eighty-eight, you have been awarded the degree of Doctor of Literature (Honoris Causa) - D.Litt.(Hon.) with all the honors, rights, privileges and dignity pertaining to such a degree.

Yours sincerely,

Dr. Marcel Dingli-Attard
de' baroni Inguanez,
Registrar and General Secretary.

1988 年美國馬奎士國際大學基金會，授予張萬熙墨人教授榮譽文學博士學位證書。

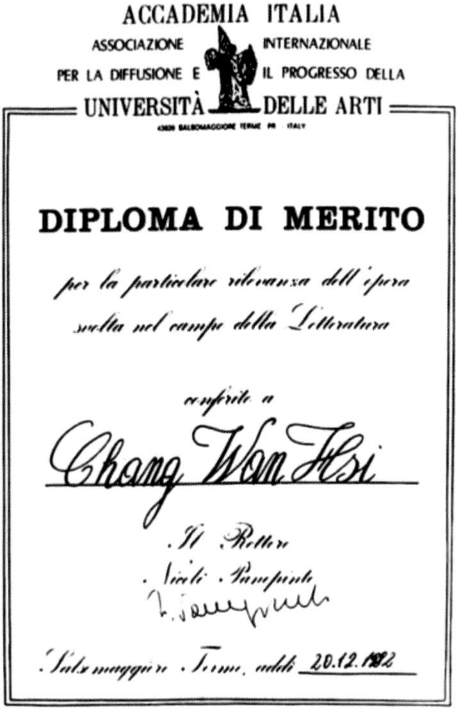

ACCADEMIA ITALIA
ASSOCIAZIONE INTERNAZIONALE
PER LA DIFFUSIONE E IL PROGRESSO DELLA
UNIVERSITÀ DELLE ARTI

DIPLOMA DI MERITO

per la particolare rilevanza dell'opera
svolta nel campo della Letteratura

conferito a

Chang Wan Hsi

Il Rettore
Nicoli Pampinto

Salsomaggiore Terme, addì 20.12.1982

義大利出版英、法、德、義四種文字的「國際文學史」的 ACCADEMIA ITALIA, 1982 年授予墨人的文學功績證書。

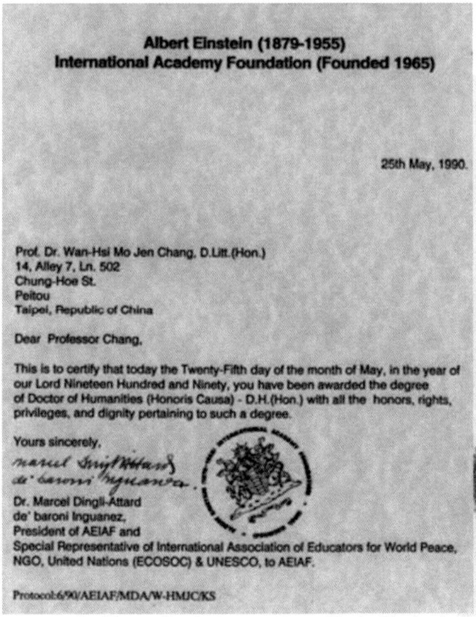

Albert Einstein (1879-1955)
International Academy Foundation (Founded 1965)

25th May, 1990.

Prof. Dr. Wan-Hsi Mo Jen Chang, D.Litt.(Hon.)
14, Alley 7, Ln. 502
Chung-Hoe St.
Peitou
Taipei, Republic of China

Dear Professor Chang,

This is to certify that today the Twenty-Fifth day of the month of May, in the year of our Lord Nineteen Hundred and Ninety, you have been awarded the degree of Doctor of Humanities (Honoris Causa) - D.H.(Hon.) with all the honors, rights, privileges, and dignity pertaining to such a degree.

Yours sincerely,

Dr. Marcel Dingli-Attard
de' baroni Inguanez,
President of AEIAF and
Special Representative of International Association of Educators for World Peace, NGO, United Nations (ECOSOC) & UNESCO, to AEIAF.

Protocol:6/90/AEIAF/MDA/W-HMJC/KS

1990 年美國愛因斯坦國際學院基金會授予張萬熙墨人教授榮譽人文學（含哲學文學藝術語言四種）博士學位

WORLD UNIVERSITY ROUNDTABLE
In Corporate Affiliation with the World University
Greetings
In recognition of Distinguished Achievement within the principles and purposes of the World University development, the Trustees of the Corporation, upon the nomination of the Secretariat, confer doctoral membership and this honorary award upon
Chang Wan-Hsi (Mo Jen)
The Cultural Doctorate in Literature
with all rights and privileges there to pertaining.

Witness our hand and seal at the International Secretariat
Regional Campus, Benson, Arizona
April 17, 1989

President of the Board of Trustees
Secretary of the Board of Trustees

1989 年美國世界大學授予張萬熙墨人榮譽文學博士學位，文化大學創辦人張其昀（曉峰）先生亦獲此榮譽。

THIS PICTORIAL TESTIMONIAL OF ACHIEVEMENT AND DISTINCTION proclaims throughout the world that
DR. CHANG WAN-HSI (MO JEN)
is the recipient of the above-mentioned Honour, granted by the Board of Editors of the
2000 OUTSTANDING SCHOLARS OF THE 20TH CENTURY
meeting in Cambridge, England, on the date set out below,
AND that the Board also resolves that a portrait photograph of
DR. CHANG WAN-HSI (MO JEN)
be attached to this Testimonial as verification of the Honour bestowed.
2000 OUTSTANDING SCHOLARS OF THE 20TH CENTURY
First Edition
Signed and sealed on the
14th December 1999
Authorized Officer

1999 年 10 月張萬熙墨人博士榮登英國劍橋國際傳記中心《二十世二千位傑出學者》第一版證書。

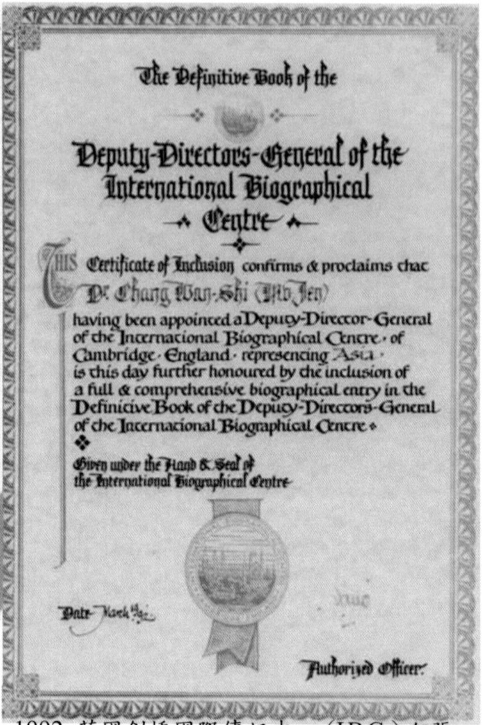
The Definitive Book of the
Deputy-Directors-General of the International Biographical Centre
THIS Certificate of Inclusion confirms & proclaims that
Dr. Chang Wan-Shi (Mo Jen)
having been appointed a Deputy-Director-General of the International Biographical Centre, of Cambridge, England, representing Asia, is this day further honoured by the inclusion of a full & comprehensive biographical entry in the Definitive Book of the Deputy-Directors-General of the International Biographical Centre.
Given under the Hand & Seal of the International Biographical Centre
Date March
Authorized Officer

1992 英國劍橋國際傳記中心（I.B.C.）任張萬熙墨人博士為代表亞洲的副總裁。

THE INTERNATIONAL SHAKESPEARE AWARD
FOR LITERARY ACHIEVEMENT
This Illuminated Certificate of Merit commemorates and celebrates the life and work of
Dr. Chang Wan-Hsi (Mo Jen) DDG
and is therefore a rightful recipient of the Shakespeare Award for Literary Achievement and as such stands testament to the efforts made by said individual in the arena of
Poetry, Novels and the Humanities
Witnessed on the date set out below by the Officers of the International Biographical Centre at its Headquarters in Cambridge, England and signed by the Director General and Editor-In-Chief.
16th March 2009
Director General
Editor-In-Chief

2009 年 3 月 16 日英國劍橋國傳記中心總裁與總編輯聯合授予張萬熙墨人博士國際莎士比亞文學成就獎。

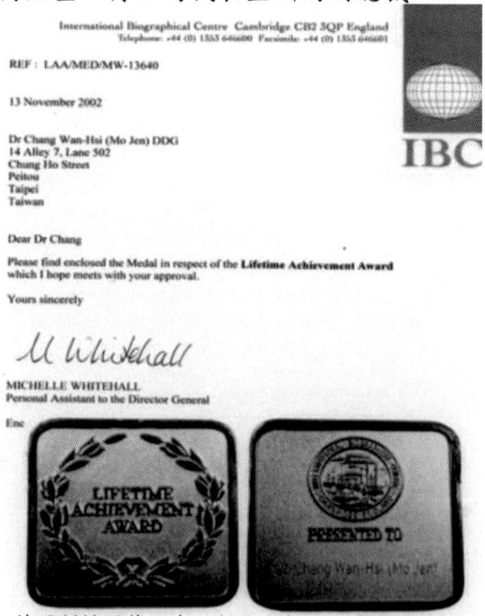
International Biographical Centre Cambridge CB2 3QP England
Telephone: +44 (0) 1353 646600 Facsimile: +44 (0) 1353 646601
IBC
REF : LAA/MED/MW-13640
13 November 2002
Dr Chang Wan-Hsi (Mo Jen) DDG
14 Alley 7, Lane 502
Chang Ho Street
Peitou
Taipei
Taiwan
Dear Dr Chang
Please find enclosed the Medal in respect of the **Lifetime Achievement Award** which I hope meets with your approval.
Yours sincerely
MICHELLE WHITEHALL
Personal Assistant to the Director General
Enc

英國劍橋國傳記中心（I.B.C.）2002 年頒發詩人作家張萬熙（墨人）博士終身成就獎，英文信及金牌正反面照片墨人早年即被 I.B.C.推選為副總裁。

墨人博士作品全集

碎心記

目　次

《碎心記》補序

羅蘭

這不是一個虛構的故事，這是四十多年前我在報紙上看到的一則新聞。[redacted]是我們中國人自相殘殺的戰爭中的一個悲劇。我相信這不是唯一的悲劇，但[redacted]我知道的不多。[redacted]我覺得二十世紀是中國人最悲慘的世紀，除了外國人的侵略之外，自己人也關起門來自相殘殺！而這種殘[redacted]殺也大不了外[redacted]人的毒手，只是有許多障眼法，讓老百姓看不清楚！因此我拚老命寫下[redacted]了[redacted]中外前所未有的近兩百萬字的單一大長篇才知應已。[redacted]我們的同胞可能還共我也有同國感，所以才知應已在台灣新生報連載了[redacted]四年，又連出三版[redacted]之後，昭明出版社

新成立的出版社的

No.

又出第四版了。其實這[redacted]長篇〈碎心記〉我在四十多年前就完成、連載、出版了。不過這是一個獨立的、個別的家庭破碎的婚姻悲劇，沒有了〈紅塵〉那麼龐大的架構，眾多的人物與[redacted]思想衝突。[redacted]這是[redacted]〈內戰〉的悲劇。無數的家庭也在〈內戰〉中破碎了。我寫的只是其中的一個悲劇而已。

戰爭除了造成大悲劇、無數家庭破碎之外，我看不出有任何好處？我覺[redacted]的蠱惑、欺騙太多了！未在戰爭中死去，真是叨天之幸！但我這種年齡的人，在戰爭中、動亂中不明不白死去的不知道有多少？

〈碎心記〉中的男女主角也是我這種年齡的人。他們的青春，他們的婚姻如何？現在的青年朋友不大了解。「人在

24×25=600

檔中不知檔ㄣ，這也難怪。我是過來人，也是旁觀者。作家不只是為名為利而寫，（我不在乎名利，）名利之外有更多存在。我只是盡心為而已。

這次「碎心記」的出版，我要特別感謝國家圖書館。因為我沒有存書，當時我的作品先後送了國家圖書館一套。前些時我[redacted]拜託牛先生影印了一份給我。這錄大細讀時發現漏印了六十四至八十一頁。（可能是初版時就發生了的疏失。）今天特別拜託蔡鼎忠先生補印了送來。如果我們沒有送給國家圖書館，（圖書館又沒有那份新版，）那就麻煩大了。所以圖書館保存，比我自己保存好。

[redacted]我還全送國家圖書館一套。

我不知道全世界現在有沒有八十八歲的作家還在寫長篇小說？出版長篇小說？而我八十[illegible]明明出版了這部我的

但二〇〇七年下半年就有[illegible]的[illegible]以及十[illegible]的[illegible]世。

當今的標準文長篇 一百廿六萬字的『紅樓夢』……以及

『孽海世界』、『白雲青山』、『滾滾長江』、『春梅小史』、(此系小說)[illegible]

則是民國五十六年的事 這幾長篇

[illegible]、『碎心記』。

臧冠北小說創作社 [illegible] 敝

一般人不到八十歲就停筆了。我不知道「寫稿」是何物?何事?我一天不讀書,不工作,就覺得很無聊。除了作家筆外,(運動)我就很少離開書桌。所以我能耐住寂寞。(靜)

也不知寂寞是何物?我是真正的「個体戶」「一人幫」(單)。

在團体中我一向「擇善從人」,在寫作生涯中我始終是千山万壑,我獨行。[illegible]從人無損,[illegible]雖不利,我不換新聞人物,就無所謂了。

在這個講究「公關」時代,

我還是我行我素

二〇〇一年一月十八日 張紅塵寄廬

二〇〇七年九月重校於紅塵寄廬

No.

24×25=600

第一章 鴛夢重溫真似幻 狹路相逢地轉天

我從「國際」戲院看完「鴛夢重溫」出來，心上像壓着一塊大石頭，沉重得很，思潮像大海裡的浪濤，一個跟着一個地在頭腦裡起伏着，洶湧着。這張片子在我作少女的時候曾經看過一次，看完之後並沒有什麼特殊的感覺，當時我甚至懷疑會有這樣的事？戰爭竟會使一個人失去記憶力？而在撞車之後竟又會恢復記憶力，同時又忘記了結婚這件事？最後雖然以喜劇收場，重溫鴛夢，但我總覺得這是考爾門和葛麗亞嘉遜在演戲，不可能有這樣的事實，不過他們兩人演得很好，使人看起來像眞的一樣而已。但是今天我再看這張片子我偷偷地流淚了！現在我瞭解戰爭是怎麼一回事？它不但會使人失去記憶力，會使人發瘋，而且拆散許多家庭，造成許多聞所未聞的悲劇，而這些悲劇不是身受其害的人是不會相信的。但是現在我瞭解戰爭，我相信那些戰爭造成的悲劇。如果不是戰爭，我也不會和鐵軍分離，他也不會生死莫卜，這幾年來我仍然時常想念他，看了這部片子之後我更有無限的辛酸，無限的感觸！假如他仍在人間，那我該怎麼辦呢？假如他碰見我我是否認得我呢？是否也會忘記他曾經和我結婚這件事情？如今相隔七八年他仍然杳無音訊，可能早已不在人間了。想到這兒我又不禁悲從中來，眼淚撲簌簌地掉下了。我們本來是很幸福恩愛的一對，可是戰爭拆散了我們的婚姻，如果沒有戰亂，我們現在也許有四五個孩子了，那我們該多麼幸福呢？我怎麼會身在台北呢？我不會陪着他帶着兒女們去萬壽山玩，去北海玩嗎？可是戰爭像一隻強有力的魔手，硬把我們拆散了！我想我們是永遠不會有鴛夢重溫的一天的。

走着，走着，人漸漸地分散了，稀少了，不再像先前剛出戲院時那麼擁擠，那麼邁不開脚步，現在已經用不着躭心踩着別人的脚後跟了。我的心情雖然仍舊沉重，但現實已經使我的頭腦漸漸地清醒了，我很快地想起了孩子們，我躭心他們哭鬧，四維也許早下班了，我應該趕快回去，免得小的哭大的叫，也許他們正在等我吃飯呢？於是我加快了脚步，在人行道上匆匆地走着，在成都路拐彎時我竟和一個穿着草綠軍服的人碰了一下，我隨便說聲「對不起」就走了，我根本沒有注意他是什麼人？台北街頭的軍人很多，尤其是這條電影街，只要看見草綠軍服就知道他們是軍人，誰也不會去個別地注意他們的面孔，自然我也不會例外。可是我剛走開兩步，我的左臂就被一隻強有力的手從後面捉住了，同時聽見兩聲急促的叫我的聲音：

「淑芬，淑芬！」

我驚奇地回轉身來望着正捉住我的手臂的這個人，這一下可使我震驚得目瞪口呆，半天說不出話來。

「淑芬，怎麼妳不認識我了？」他含着眼淚幽怨地說。

我的眼淚像噴泉一樣地洶湧出來，我吐不出一個字，假如不是街上的人多，我眞會倒在他的懷裡痛哭起來。

「這兒不是說話的地方，我們到那邊去坐坐吧？」他一面說一面拉着我向附近的一家咖啡室走去，這時我完全失去了思考的能力，我像一具木偶樣地隨着他走。

他找了一個幽暗的角落坐下，我隨卽癱瘓地伏在檯子上哭泣起來，我眞想不到竟會有這樣的巧遇？這是可能的嗎？這是眞實的嗎？這也許是夢吧？但他的面貌，他的聲音一點沒有改變，還是和七八年前一模一樣，我第一眼就認出是他，這又怎麼假的了呢？

「別哭啦，我們應該有很多話講。」他先拍拍我的肩頭，隨後又把我的頭微微托起，我深深地望了他一眼又伏下來哭泣。

「淑芬，這眞像一場夢，我絕對沒有想到會在台北碰見妳。」他沉默了一會兒之後這樣對我說。

「鐵軍，這也許是天意吧？」我抬起頭來望着他說。

「如果眞是天意，那老天害得我們眞苦。」他深深地望着我，眼淚快要掉下來。

「這幾年來你到底在什麼地方？」我抹了一下眼淚急切地問。

「從徐州突圍之後就邊打邊退，一直退到金門。」他慢慢地說。

「那又是什麼時候來台北的？」我把身子向他移近一點。

「前天。」他迅速地回答，同時把身體向我移近。

「眞巧，我也是一個月以前才來台北的。」我微微地嘆息一聲。

「我曾經派人接妳，妳怎麼沒有及時趕到徐州？」他奇怪地望着我說。

「我剛到上海，徐州就失守了！」我又重重地嘆了一口氣。

「這幾年來妳又在什麼地方呢？」他關切地望着我。

「高雄。」我輕輕地說。

「妳是怎樣到台灣來的？」他的兩隻眼睛睜得又圓又大。

「慢慢兒談吧！」我覺得這是一本難唸的經，我不知道怎樣說起？我又重重地嘆了一口氣。

「麟兒呢？」他表示出深切的關懷。

「很好。」我安慰他說。

「芬，這幾年來眞難爲了妳。」他握着我的手說，顯出丈夫的體貼。

他這句話正觸着我的痛處，我的眼淚又汩汩地流下來。

「別儘哭啦，現在我們應該高興。」他把我的手握得更緊，一股熱力透過我的心。本來我也應該高興，可是此刻我的痛苦更加深沉，假如他知道我現在的身份，我眞不知道會發生怎樣的事情？

「軍，我……我……我很痛苦。……」我終於倒在他的懷裡哭了起來。爲了避免出聲，我拚命地咬緊嘴唇。

他把我抱得更緊，在我耳邊輕輕地說：

「芬，妳應該高興，此刻我正是鴛夢重溫哩。」

他隨卽在我臉上輕輕一吻，我的眼淚如暴雨般地落在他的身上，我不知道應該怎麼辦？是馬上回他一個熱吻還是告訴他我現在的處境呢？

他看見我沒有什麼反應，又把我的頭輕輕地托起來，貪婪地望了我一眼，隨即熱烈地吻着，這種狂吻我是熟悉的，仍然有着我們初戀時的那股熱力，但是現在我的心情却非常矛盾，我痛苦得不能自持，我的全部情感化成了滾滾熱淚。

「芬，妳怎麼的？」他慢慢地停止了狂吻，不理解地望着我，輕輕地說，輕輕地替我擦乾眼淚。

「軍，沒有什麼。」我輕輕地搖搖頭，報給他一個苦笑。

「芬，妳笑得很美，也很苦。」他也向我苦笑。

我聽見他這樣說，看見他這種笑，又伏在他的胸前哭了起來。

他沒有再說話，只用手輕輕地拂着我的頭髮，又不時把臉靠在上面，我記得在新婚之夜他曾經這樣溫柔地愛撫我，使我快樂得想哭。在蜜月中，在我們兩年多的婚姻生活中，他也經常這樣愛撫我，他是一個溫柔體貼的好丈夫，不像他的外表那麼威武，更沒有一般帶兵官那麼粗魯，這兩年多的婚姻生活使我過得非常甜蜜幸福，現在他又這樣愛撫我，但是我的感覺已經不像往日那般甜蜜幸福了，我內心非常痛苦，四維的形象很快地掠過我的心頭，昨夜他也這樣愛撫過我，但現在撫摩在我頭上的這双手不是四維的手，而是闊別多年的鐵軍的手，這種愛的矛盾在我心中交戰，我痛苦得全身痙攣，我幾次想把我和四維的現狀告訴鐵軍，但我總沒有勇氣開口，我甚至不敢再抬起頭來看鐵軍一眼，我沒有辦法，我只好哭，哭，哭，我想哭出我的不幸，哭出女人最大的痛苦！

「芬，別哭，我們已經團圓，還有什麼好哭的呢？」他在我耳邊輕輕地說，在我臉上輕輕地吻。

「軍，我希望你能原諒我。」我鼓着最大的勇氣說出這句話，但我仍然不敢抬頭。他驀地把我的頭抬起來，双手捧着它，兩隻眼睛深深地瞪着我，顫抖着聲音問：

「芬，妳做錯了什麼事嗎？」

我眞不知道怎麼回答他好，我又埋下頭來哭，他馬上把我的頭托起來，仍然眼睜睜地望着我，剛才的快樂已經從他的眼睛裡逃走了，痛苦正緊緊地咬着他，他的兩眼痛苦得可怕，我不敢看它，我要求他說：

「軍，別這樣看我。」

他馬上垂下眼皮，兩手亦隨之鬆弛下來，隨後又捧着自己的頭，蒙着自己的臉，全身起了一陣痙攣，自言自語地說：

「也許我們今天的重逢是一個嚴重的錯誤?」

「不，軍，這是我渴望很久了的。」我馬上把他的手拿下來，他的眼裡含着大量的淚水，他不加制止，一任它沿着面頰流下來。

「芬，我不瞭解妳的意思。」他頹喪地惶惑地望着我。

「軍，這也不太難瞭解，你還記得四維嗎?」我委婉地說。

「記得，是我派他接妳的。」他點點頭，神智非常清楚。

「不錯，可是現在我是他的妻子。」

我的話剛說完，他兩隻鐵手馬上攫住我的兩肩，使我痛得流出了眼淚。

「妳再講一遍!」他用力搖了我幾下，眼球幾乎跳出眼眶來。

「事實上我們是同居，但在戶籍上他是我的丈夫。」我坦白地告訴他。

他突然用力將我一推，我整個身體和頭部重重地撞在牆壁上，我覺到天旋地轉，往事像電影樣一幕接着一幕地展開………

第二章 許鉄軍熱血男子 朱淑芬出水芙蓉

三十五年春天，一個星期六的下午，我放學回家，發現客廳裡坐着三個人，一個是我父親，一個是我大表哥，還有一個穿羅斯福呢軍服的青年軍官，看樣子不過二十六七歲，他體格魁梧，儀表英俊，說話爽朗而不粗鹵，舉動大方而斯文，不像普通的大老粗。他雖然帶了領章，但我分別不出他是什麼階級，他看見我推着脚踏車進來，連忙和大表哥一同起立，我向大表哥和他點頭為禮，他顯得非常高興，我把車子放好之後大表哥就笑着對我說：

「淑芬，來，我替妳介紹一位青年軍官，」大表哥隨即指着他說：「這是許連長許鐵軍，他是我大學的同學，今天我特地約他來拜望姑父和妳。」

父親坐在一旁微笑，我被大表哥這句話說得不大好意思，但我為免失禮，還是向他表示謝意：

「要許連長勞駕眞不敢當。」

「不，這倒是我的榮幸哩。」他連忙欠着身子向我還禮。

「請坐，請坐，別客氣。」父親笑着向他說。

他隨卽坐下，大表哥看見他坐下馬上笑着對我說：

「淑芬，妳也來坐一下，學校裡的功課忙嗎？」

我知道大表哥的用意，我不便馬上告退，只好在父親的沙發上坐了下來。

「還好，」我向大表哥點頭微笑，又借了一個題目說話：「表哥，表嫂怎麼沒來？」

「她有點事兒分不開身，她要我向妳致意。」大表哥向我一笑，他很會說話，別人怎樣也窘不倒他。

「表哥，我知道這是你自說自話。」我故意笑他。

「不，不，不！」他馬上搖手笑了起來：「實情實報，我一點也沒有撒謊。」

我們覺得他的說話和表情都很有趣，三個人都笑了起來。

「朱小姐快畢業了吧？」許鐵軍抓住機會問我。

「這個暑假畢業，還差三四個月。」我說。

「準備升大學嗎？」他又問我。

「現在還說不定，不知道考不考得取？」我謙虛地說。

「朱小姐太客氣了。」他向我一笑，笑得很得體。

「淑芬的功課很棒，每學期都名列前茅。」大表哥故意替我吹噓。

「表哥，你可不能信口開河？」我笑着阻止他。我怕他亂說下去。

「我怎麼是信口開河？姑爹可以作證。」大表哥指着父親說。

「你們還像小孩兒一樣，一見面就鬪嘴。」父親慈祥地笑着說。他今天彷彿年輕了幾歲，勝利之後他的心情愉快多了，今天好像格外愉快。

「因爲我們是表兄妹。」大表哥向父親和我一笑。然後又轉向許鐵軍說：「淑芬是我抱大的，眞是女大十八變，幾年不見面，初回家時我幾乎不認識她了。」

「難怪你們比同胞兄妹還親熱。」許鐵軍向我和大表哥羨慕地一笑。

「許連長有幾位兄弟姐妹？」我順便問他一句。

「我是獨子，可沒有你們幸福。」他又羨慕地望了我和大表哥一眼。

「淑芬可也沒有兄弟姐妹，」父親接着說：「不過表兄弟姐妹倒很多。」

「這也很好。」許鐵軍乖巧地說。

「請問許連長的部隊住在那兒?」我轉變了一個話題。

「城外。」他說。

「現在是?——」我的意思是問他的部隊擔任什麼任務?不過我沒有明白說出來。

「擔任城防。」他坦白地說。

「暫時不會調動?」我冒失地問。

「我們剛從前方調來。」他愉快地答。

聽他的口氣他的部隊短期內是不會調動的。

「那您辛苦了。」

「沒有什麼，軍人的生活就是這個樣子。」他平淡地搖搖頭。

「許連長，要不是你們軍人，我們就永遠不能重見天日了。」父親接着說。他吃過日本人許多苦頭，受過日本人許多侮辱，日本人在這兒的時候，他常恨自己手無寸鐵，不能報仇，自從日本人投降國軍來北平接收之後，他對軍人就格外尊敬了。

「保國衛民是我們軍人的責任，這是應該的。」許鐵軍謙虛地說。

「許連長，我倒想問你，你怎麼會忽然放棄學業去從軍呢?」父親笑着問他。

「那時局勢很緊，日本人在前方步步逼進，在後方大肆轟炸，我實在忍無可忍，所以我放棄了馬上就要到手的方帽子，投考軍校去了。」許鐵軍說。

「那時我一再勸他不要放棄學業，他硬是不聽，他說國破家亡，方帽子有個屁用？沒有幾天他就穿起軍服來了。」大表哥插進來說，我們聽了都笑了起來。

「這就是青年人愛國心的具體表現。」父親讚賞地說。

「那時眞是什麼都不懂，就只有這麼一股傻勁。」許鐵軍莞爾一笑。

這天下午許鐵軍就留在我家裡吃晚飯，他起先不肯，經過父親和大表哥的誠意挽留才沒有走。他和父親談得很投機，在吃飯時他們談的話更多，我發現他有多方面的知識，他的歷史知識自然比不上父親，但他對於歷代興亡的史實却記得相當清楚，對於電機方面的知識他就比父親內行多了，因爲他在大學裡和大表哥都是唸電機工程的。

許鐵軍和大表哥走後父親還是很興奮，由於喝了幾杯酒的關係，他的面孔顯得很紅潤，看上去眞不像是六十歲的人，他在去睡之前還慈祥地問我：

「淑芬，妳看許鐵軍這個人怎樣？」

「爸爸，你這話是什麼意思？」我裝作不解地問他。

「哈哈，沒有什意思，沒有什麼意思……」他笑着走開了，隨後又自言自語地說：「人品學識，都很不錯。」

這夜我第一次失眠，許鐵軍魁梧的身體，爽朗的談笑，相當豊富的知識，都給我留下了深刻的印象，同時也改變了我對軍人的觀念，他們並不都是大老粗。

第二天是星期天，大表哥一清早就打電話來約我到他家裡去玩，吃過早飯之後我就赴約了。

我一進大門就看見大表哥和許鐵軍在走廊上下棋消遣，大表哥看見我來就連忙起身招呼，許鐵軍也走過來歡迎，他已經沒有半點拘束了。

「朱小姐您好。」許鐵軍向我略微欠着身子說。

「好，謝謝許連長。」我也向他點點頭。

「朱小姐，難得這樣清靜的環境，我們下盤棋好嗎？」他指着棋盤向我說。

「對不起，我不會下棋。」我微微表示歉意。

「沒有關係，來，我給妳參謀參謀。」大表哥拉着我的手，極力從中撮合。

「表哥，我還沒有去看表嫂呢，待會兒她又怪我不懂禮貌。」我借了這個題目搪塞他。

「一切由我負責。」大表哥大模大樣地說。

「朱小姐，您先到後面去好了，假如您肯賞光，待會兒我們再下吧。」想不到許鐵軍竟挺身替我解圍，難怪大表哥白了他一眼。

我一走進後院大表嫂就熱烈地歡迎，她今天眉開眼笑，好像有什麼喜事似的，因此我禁不住問：

「表嫂，今天您怎麼這樣高興？」

她望着我笑而不答，眼睛裡面盡是文章，這使我窘極了，我半嗔半笑地說：

「表嫂，妳怎麼這樣望人？」

「好妹妹，妳出落得越來越標緻了，我怎麼不眉開眼笑呢？」大表嫂也有一張頂會說話的嘴，說的話使人又氣又愛。

「表嫂，早知道妳是尋我開心我就不會來了。」我微微嘟起嘴巴說。

「好妹妹，幾天不見面，怎麼可以不說說笑笑呢？」她邊說邊牽着我走進大表哥的書房。

大表哥的書房很雅緻，我最喜愛他這張棗紅色的書桌，書桌上擺滿了電機工程的書和文藝著作，玻璃板底下嵌滿了生活照片，不知道是我以前沒有注意還是他這兩天新放進去的？裡面有十幾張許鐵軍的生活照片，其中一張佩着指揮刀騎着日本馬的照片最英俊，我不免多看了兩眼。

「妳覺得這人怎樣？」表嫂指着許鐵軍的這張照片問我。

「妳呢？」我歪着頭反問她一句。

「標準的青年軍官，人品學識都好。」大表嫂讚賞地說。

「妳怎麼知道？」我故意難她一下。

「我怎麼不知道？」她睜大兩隻鳳眼望着我說：「他，妳大表哥和我都是同班同學。」

這才使我恍然大悟，我知道大表嫂和大表哥是同學，就沒有想到她和許鐵軍也是同學。

「難怪你們兩人都替他作義務宣傳。」我笑着說。

「這還不是爲妳?」大表嫂向我俏皮地一笑。

「爲我?」我故意睜大眼睛大惑不解地望着她。

「嗯。」她笑着點點頭。

「表嫂，妳別開玩笑，我可不領妳的情。」我輕輕地推她一下。

「妳不領情，將來姑爹姑媽自然會領情的。」她向我深深地一笑。

我想起了昨夜父親臨睡時的問話和他的自言自語，足見父親對許的印象相當好，他是上了年紀的人，又只有我這麼一個女兒，對於我的婚姻問題特別關心，今年暑假我高中畢業，又快滿二十歲，可能他已在暗中替我物色對象?大表哥介紹許鐵軍和我們認識大概也是不無原因的。母親更不必說了，她恨不得馬上就抱外甥哩!

「表嫂，說眞的，我現在還沒有考慮到這些問題。」我推托地說。

「結婚遲早沒有關係，妳看許鐵軍這人怎樣?」大表嫂又想討我的口氣。

「他的家世，生活情形，我都不清楚，妳叫我怎麼說?」我故意皺起眉頭。

「家世清白，生活有條有理，這點妳放一百二十個心好了!他雖然是一個軍人，可決不是大老粗，人品，學識，體格都是第一流的，這種青年並不太多，妳說是嗎?」

「我承認妳的說法。」我不能作違心之論，我只好點點頭，不過我還拖了一個尾巴：「他今年多大？」

「小妳大表哥兩歲，今年實足年齡二十六歲。」

我沒有作聲，我不知道這個年齡對我是否適合？表嫂看出我有點遲疑又搶着說：

「不必介意，這樣的年齡才最理想。」

「表嫂，現在不談這個問題，讓我以後慢慢考慮吧。」我把話岔開了，我不想讓她把我當作話題，我還不十分瞭解許鐵軍對我的印象如何呢？

這時大表哥和許鐵軍一同走了進來，一進門大表哥就嚷着說：

「淑芬，鐵軍等妳下棋等了好半天妳都不去，現在只好移樽就教了。」

「哦，眞對不起，許連長，我實在不會。」我向許鐵軍抱歉地說。

「朱小姐不必介意，我也不過是說着玩兒的。」他大量而又大方地向我說。

「既然不下棋你們就聊聊天好了。」大表哥笑着說，同時用手向大表嫂一招：「秀蘭，我們準備午飯去。」

他們兩人借故走開之後就只剩下許鐵軍和我兩人了，我感到有點拘束，許鐵軍却很大方，他掏出一包馬立斯來，首先遞了一枝給我：

「朱小姐，抽烟嗎？」

「謝謝，我不會抽。」我說。

他隨即用打火機點燃了烟，自己抽了起來，看那樣子很得勁似的，我不禁好奇地問：

「許連長，聽說抽烟也有癮，是嗎？」

「抽烟是一種習慣，也是一種調劑，一個人在百無聊賴的時候，一枝紙烟在手，的確別有一番滋味。」他笑着說。

「照您這樣說，抽烟可以解除寂寞了？」我半信半疑地說。

「的確有那麼一點功效。」他詼諧地說。

「除了抽烟以外難道沒有更好的消遣嗎？」我望着他說。

「消遣的方法自然很多，有的人歡喜喝酒，有的人歡喜看電影，有的人歡喜看戲，有的人歡喜看書，有的人歡喜散步，還有的人歡喜賭博，以及其他不正當的消遣。」他滔滔地說出這一大套消遣的方法，這些大都是我所不理解的，因爲我並不寂寞。

「那麼許連長歡喜那種消遣呢?」我試探地問他。

「煙,」他把手裡的紙煙一揚,然後又接着說:「電影,平劇,和書,有時還愛打打獵。」

「您的生活倒很有趣。」我微微一笑。

「不然就會寂寞。」他也淡然一笑。

「打仗的時候怎樣呢?」我好奇地問。

「戰場的生活比較驚險緊張,不能抽煙,自然也沒有電影看了。」他的話說得相當詼諧。

「您不怕嗎?」我想槍林彈雨中不是好玩的。

「第一次上火線心理自然不免緊張,慢慢地就會沉着起來。」他輕輕地彈了彈煙灰。

「您負過傷沒有?」我又好奇地問他。

「我很幸運,」他得意地說:「仗倒打了不少,可沒有負過一次傷。」

「眞是貴人命大。」我向他笑。

「謝謝您的恭維。」他也向我一笑，這次我發現他的笑有一種男性的吸力，我的心微微地跳了兩下，我突然感覺到有點窘迫，幸好他接着說了一句：「不過西方人有句俗話：老兵不死。」

「這句話是什麼意思？」我連忙發問，以掩飾自己的窘態。

「因爲老兵能沉着應付，危險自然減少。」他把煙蒂滅掉。

「您是老兵嗎？」我笑着問道。

「我的資格還不夠老，不過已經不是新兵了。」

我們相視一笑，我覺得他這人確實很爽朗坦白。

下午大表哥表嫂許鐵軍和我四個人去「新新」看了一場電影，不用說這又是大表嫂事先排好的，票子也是他們買的，四張都是聯號，表嫂和我坐在中間，許鐵軍坐在我的右邊，大表哥坐在表嫂的左邊，這種坐法也是他們兩人無形中安排的。電影開映十幾分鐘之後，表嫂忽然附耳向我說要到盥洗間去一下，我知道女人麻煩的事情多，也就不疑有他，不多久大表哥也悄悄地起身走了，我不好意思問他上那兒去？雖然我們像親兄妹一樣，但男女究竟有別，我以爲他們一會兒就會轉來，誰知道電影映了一半還不見人影，我這才知道他們存心給許鐵軍製造機會，我爲了顧全禮貌不便先走，同時電影正漸漸達到高潮，扣人心弦。這時我偷偷地窺看了許鐵軍一眼，他正在聚精會神地欣賞，還發出會心的微笑，我心裡有點不愉快，我覺得他並沒有注意我，只一心地在那兒欣賞電影，當我第二次窺看他時，他也正側過頭來看我，我們的視線不期而遇，我有點害羞，幸好光線很暗，他看不到我的臉紅，他的態度倒很大方，他對我微笑了一下，就輕輕地問我：

「他們呢？」顯然他已經發現大表哥表嫂不在了。

我一時不知道怎樣回答好？如果說他們走了那就表示我事先或當時一定知道，既然我知道他們走了爲什麼我又留着不走呢？這不表示我缺少少女的矜持嗎？因此我只含糊地說：

「不知道。」

但許鐵軍心裡完全明白，他又向我微微一笑，這一笑特別富有男性的魅力，使得我馬上低下頭來。當我抬起頭來注視銀幕時，男女主角正在熱烈地擁吻，我的心不禁卜卜地跳起來，我奇怪外國人怎麼這樣一點也不含蓄？不論當着多少人的面前，他們都會無所謂地狂吻着。許鐵軍看過銀幕上男女主角擁吻之後又側過頭來看我，我裝作一本正經地在注視銀幕，其實我心裡正慌，我眞想逃走，但他却開口說話了：

「西方人很善於表演。」

他的話好像是自言自語，其實是對我說的。不接腔吧，似乎又過於冷淡，而且不大禮貌，因此我也信口說了一句：

「他們很會演戲。」

我這句話等於是重複他的話，實在沒有什麼意思，說過之後我幾乎失笑起來。但他却抓住機會馬上接腔：

「他們不僅很會演戲，他們决不隱藏情感。」

這下可惹出麻煩來了，他第二句話一語双關，也正搔着我的癢處，我這才知道他很會說話。不答覆他嗎？那表示我默認他的說法，也暴露了我自己的心理狀態，因此我裝作十分自然地說：

「這也許就是西方人和東方人的區別？」

「西方人熱烈天眞，不像我們東方人含蓄深沉。」他馬上接着說：「所以在男女關係和愛情的表現方法上，西方人和東方人是不同的。」

我不作聲，我不否認，也不承認，我怕說話，怕又惹出麻煩，但他却不放過機會，他為了證明他的看法，又接着說下去：

「譬喻說吧，英美女孩子如果愛一個人，她一定很坦白地對他說：『I love you。』中國女孩子的愛都是埋在心裡，不是掛在嘴上的。」

現在我完全知道許鐵軍的厲害了，他決不是一個普通的軍人，他的話使我又氣又愛，我幾乎笑了出來。為了自衛，我不得不向他反擊：

「中國男人和英美男人也不盡相同。」

「有什麼分別嗎？」他馬上問我。

「譬喻說吧，中國男人歡喜自作聰明和自作多情。」我連忙抿着嘴忍住笑。

他聽了之後竟爽朗地笑了起來：

「其實這是全世界男人的通病。」

前後左右的人聽見他的笑聲和談話都把眼睛望着他，他連忙向大家抱歉地說了一句

：「對不起。」

在電影映完之前他就沒有再說話了，他一心一意地欣賞，在快要映完時他輕輕地推了我一下：

「我們走吧？」

「還沒有映完呢。」我說。我心裡正奇怪他怎麼不看完最後一節就走？但他却輕輕地向我耳邊說：

「他們快要接吻了。」

他這句話使我臉上火燒起來，我很想白他一眼，但結果我還是低下頭來，我眞想不到他竟這樣風趣？

這場電影看完之後，我發覺我很喜歡他了。

走出「新新」戲院已經五點多了。我家的慣例是六點鐘吃晚飯，我應該回家了，因此我委婉地向許鐵軍說：

「許連長，對不起，我不能陪您，我要回家了。」

「有什麼事嗎？」他和顏悅色地問我。

「今天我出來一整天，現在也應該回去了。」我向他解釋。

「是不是因爲快到吃飯的時間了？」他向我機智地一笑。

「假如您肯賞光的話，歡迎您一道去。」我想我不必向他說假話，他很瞭解別人的心理。

「昨天我已經打擾了，今天應該請您賞光才是。」他表現得很有誠意。

「謝謝您，不必破費。」我禮貌地回答。

「小意思，您何必這麼客氣呢？」他低下頭來親切地對我說，很像一個大哥的樣子。

我知道無法推辭，今天禮拜天也沒有什麼事，父親母親知道我一早就到大表哥家裡去了，他們不會躭心的。再說許鐵軍對於我好像已經有點吸力，和他在一道是很愉快的，因此我對他說：

「那就在附近隨便吃點什麼吧？不要太破費了。」

「您這話很像財政部長的口氣哩。」他向我幽默地說。

「我不願意別人爲我太過破費。」[redacted]，我說的[redacted]是眞心話。

「假如我願意呢？」他側着頭看我。

「也毋須拿一連人的經費來請我。」我報他一個微笑，隨卽把頭轉了過來。他聽了爽朗地笑了。

「哈哈，不會的，我不會做那樣的事，請放心，請放心，我只用我個人的錢。」

他笑得那樣爽朗，說得也那樣自然，沒有一點做作，這使我發現他品格方面的某些優點。

「您也不必介意，我不過是說着玩兒的。」我連忙向他解釋。

「您雖然是說着玩兒的，可是這話很有意義，我應該謝謝您。」他大度而誠懇地對我說。

「別這麼多禮貌了。」我[redacted]。」[redacted]說

「北平是歷代帝王之都，禮義之邦，大家都很有禮教，我怎麼能不懂禮貌？」他也回我一個微笑。

我們說着走着，不自覺地已經走到「西來順」門口了，他把脚步停住，把手往裡面

一指：

「西來順好嗎？」

我點點頭，西來順和東來順是齊名的，也是一個雅俗共賞的回教館，我們在樓上找了一個偏僻的雅座，跑堂的非常有禮貌地走過來照顧，問我們吃些什麼？許鐵軍就問我：

「您歡喜爆的？烤的？還是涮的？」

「隨便，」我沒有表示意見。

「您是老北平，應該比我內行，怎麼可以不點？」他把菜單擺在我的面前。

「我尊重主人的意見，」我向他一笑，仍然不點。

他搔搔頭皮，不知道那樣好？最後他把手向跑堂的一揮：

「爆烤涮全來，双份，去……」

從這件事上我看出了他的軍人氣質，看出了他的果敢決斷，跑堂的走了之後我輕輕地對他說：

「我們兩人怎麼吃得了這許多？」這家雖然不賣豬肉，但牛羊肉就是一樣作兩份我們也吃不了，何況菜單上決不止這麼多。

「儘量吃好了，吃不了照樣給錢。」他大方地說，忽然又像忘記了什麼似的說了一聲：「我還忘記了要酒。」

「我不吃酒。」我搖搖頭。

他看我不要酒他也不好說要，我看出他有點躊躇，我又補充一句：

「假如您想喝，不妨要他燙。」

他高興地笑了，連忙向跑堂的把手一招：

「喂，燙四兩白乾。」

酒菜上來之後他就狼吞虎嚥地吃起來，我看見他吃得津津有味，禁不住問：

「你們軍人都是這樣吃法?」

「也不盡然，」他向我笑：「不過大都受過訓練的，在軍校時我五分鐘吃一頓飯。」

「不怕得胃病嗎?」我又問。

「奇怪，我的胃特別强，甚至骨頭也能消化。」他豪爽地說。

「您眞是一個天生的軍人，吃東西也像打仗。」我忍住笑說。

「很抱歉，沒有您這麼斯文。」他笑了起來。

「昨天在我家裡怎麼不是這樣吃法？」我想起了他昨天在我家裡吃飯時比現在斯文多了。

「在長輩面前不敢放肆。」他說。

「現在您就不怕失禮？」我想給他一點約束。

「我想您決不願意我過分做作？」

我沒有作聲，我不是怪他無禮，我實在喜愛他這份坦白。

我們吃完之後他把沒有吃過的菜也照樣付錢，可是堂倌非常客氣，不肯收他的。

走出西來順他就感慨地說：

「我愛北平。」

「什麼原因？」我問。

「北平使人有賓至如歸之感。」他說。

「這種感覺是不是西來順給您的？」我望着他笑。

「這不過是一例。」

「還有呢？」

「很多，很多，尤其使我喜愛的是——」他沒有說出來。

「什麼？」我連忙追問。

他不作聲，却把兩隻大而有神的眼睛深深地望着我，久久不肯離去，他的長方臉因爲喝了點酒的關係顯得特別健康，紅潤，我被他看得很羞窘，我把頭轉過來不讓他看，但我心裡却有說不出來的高興。

第四章 大美人何須脂粉 真英雄不掛勳章

我們信步走進中央公園，並肩穿過白玉石的牌坊，因爲天氣還有一點寒意，所以在公園裡散步的人並不太多，但在這兒散步的幾乎都是成双作對的愛侶，萬綠叢中點綴着紅毛衣，看來特別鮮艷奪目，我的毛線外套也是紅的，許鐵軍穿的是羅斯福呢軍便服，加上赭色皮茄克，他手上還抱了一袋糖菓。

我們沿着林蔭道上並肩散步，樹木的葉子都是新生的，嫩綠可愛，整齊的公園眞是蒼翠欲滴，空氣非常清新，呼吸起來令人全身舒暢，彷彿每一個細胞都在擴張。

在公園裡的愛侶們有的坐在樹脚下喁喁情話，有的在林蔭道上挽臂攬腰款款而行，每一對都自得其樂，儘量地享受着靑春的幸福。

我們選了一塊淸靜的草地坐下來休息，許鐵軍把糖菓攤開，他選了幾顆太妃糖送給我，他自己取了一片口香糖往嘴裡一塞，然後掏出馬立斯，點燃了一枝，優哉遊哉地吸起來。

「您在部隊裡不忙嗎？」我看他出來了一整天沒有回去，心裡一點不急，我不相信他無所事事。

「有時很忙，現在並不。」他悠然地噴出一口烟說：「尤其是禮拜天，除值勤人員外大家都放假。」

「前幾年您在什麼地方？」我想探聽他的生活情形。

「唸書時在四川，下部隊以後就像花脚貓樣到處跑。」他先回答我，隨後又問：「您呢？」

「我一生下來就住在北平，沒有移動過。」我說。

「您很幸福。」他望着我微笑。

「日本人在這兒時可也受夠了氣。」我記得父親曾被日本人抓去過兩次，他到現在還恨恨不已。

「幸好平安過來了。」他輕輕地噴出一口烟。

「要不是抗戰勝利，那日子就越來越不好過了。」勝利前夕我們已經快吃窩窩頭了，很多窮苦的人甚至連窩窩頭也沒有得吃。

「我們在後方也很苦，我們部隊在冬天還是赤脚草鞋。」他說。

「您呢？」我笑着問他。

「還不是一樣？頂多加上一双黑布襪子。」他望了我一眼說。

「這個勝利眞不容易。」

「誰說容易？我們國家並不富强，完全是用血汗拼來的。」

「希望以後大家都能過好日子。」

「抗戰八年就是為了這一個遠景。」

「您看有沒有可能？爸爸常常對我說，抗戰雖然勝利了，恐怕還不會太平，是不是以後還會有戰爭？」我不歡喜戰爭，我關心地問。

「現在還說不定，不過希望沒有戰爭。」他彈了一下烟灰。

「您不是剛從前方調來嗎？」

「嗯。」他點點頭：「我也並不歡喜打仗。」

「戰爭是最殘酷的事。」我表示最大的厭惡。

「那確實沒有我們坐在公園裡舒服。」他向我詼諧地一笑，我也被他逗笑了。

「打仗時是否也有飯吃？」我好奇地問。

「那不一定，」他搖搖頭，移動了一下身體：「有時會餓上兩三天。」

「那怎麼受得了？」我幾乎叫了起來。

「我並沒有說那很好受。」他又向我一笑：「那種時候我非常想念窩窩頭。」

我又被他逗得笑了。

「您應該講點正經話。」我想約束他。

「再也沒有比這更正經的了。」他望着我笑。

我又忍不住笑了起來。

「打仗應該是很嚴肅的事。」我這樣想就這樣說了。

「有時我們却非常輕鬆。」他像噴出一口輕烟似地說。

「那怎樣輕鬆得起來?」我不相信他的話。

「如果大家都哭喪着臉，那這個仗就不能打了。」他望了我一眼說。

「那是什麼道理?」

「因爲人不是機器。」

他這些話我實在不能理解，我不想繼續問下去，我改變口氣說。

「您現在這身裝備倒很像個公子哥兒，完全不像是打仗的軍人。」

「您別看重那些裝腔作勢的人，咬人的狗決不汪汪叫。」他輕鬆地說。

「那樣子可也嚇唬人。」

「如果您舉起棒子牠就會夾着尾巴逃跑，不信您試試看。」他煽動地望着我。

「我可沒有那個勇氣。」我不好意思地笑。

「以後您可以多多留意，眞正的英雄是不掛勛章的，眞正的美人是不化粧的。」

我不大喜歡他這種教訓的口氣，但他的話確有眞理，雖然我不是美人，幸好我沒有化粧。

「那麼您是一個不掛勳章的英雄了?」我望着他笑。

「不敢當,」他欠欠身子然後又盯着我說:「您確實毋須化粧哩。」

我故意把頭扭過去,裝出不高興的樣子,他連忙向我道歉:

「請原諒我的失言,但這決不是假話。」

我也怕失禮,連忙把頭調過來笑說:

「我們彼此都不要介意,剛才我也是戲言。」

「幸好無傷大雅。」

他笑了,我也笑了。

我們分手時已經十點多了,他約我下個星期三去「長安」看馬連良的羣英會,海報已經貼出來了,起先我表示婉謝,最後還是答應了他,他顯得非常高興。

這夜我也睡得特別香甜。

第五章

戲院內戲言戲語　疑惑時疑假疑真

我們進戲院時開台戲牧虎關剛剛唱完,正戲就要開始,我們的座位是三排正中間,他對於看平劇好像很內行,馬連良的戲票本來不大好買,虧他弄了這麼兩張。

戲院裡的人很多，但並不嘈雜，這使許鐵軍很高興。

「北平到底是北平，看戲的人也很有修養。」他讚賞地說。

「我們不叫看戲，我們是聽戲。」我說。

「您到底是老北平，」他向我一笑，隨後又表示他的意見：「不過只聽不看，或是只看不聽，都不能算是懂得欣賞平劇藝術。」

「你的意見呢？」我想試探他一下。

「既看且聽，看是欣賞舞蹈表情，聽是欣賞歌唱韻味，兩樣必須兼顧。我說看戲固然不對，你們老北平說聽戲也不盡然。」他滔滔地說。

「你好像很內行似的？」[redacted]

「內行說不上，不過我歡喜這個調調兒。」[redacted]

「你這完全是正德皇帝的口氣。」我聽他後面一句話想起了游龍戲鳳中正德皇帝的台詞，而且正德皇帝還冒充軍人冶遊哩。

「妳對平劇好像修養有素？」他對我誇讚地說。

「每一個北平人對平劇都不會太外行，黃包車夫隨便哼兩句也很夠味兒的。」我笑着說。我對平劇也很愛好，從小就陪着父親母親在戲院子裡跑，四大名旦我都看過聽過，鬚生在余叔岩以下也都見識過，耳染目濡，雖不能說修養有素，好壞高低是分別得出來的。

「這眞叫做孔夫子門下無白丁，北平人眞有福氣。」他羨慕地說。

「假如你長住北平，你也許會變成一個戲迷？」我望着他說。

「現在已經是個準戲迷了，更希望以後有長住北平的機會。」他先向我一笑。隨後又兩眼凝視我久久不移開，但現在我已經漸漸習慣他這種看法，而且心裡還暗自高興。

羣英會已經上演好半天，我們一面輕輕地談話，一面看戲聽戲，這齣戲搭配得相當整齊，馬連良一人趕兩角，前魯肅，後孔明，相當吃重，也相當賣力，台風瀟洒，做功細膩，借東風一段唱詞也很有味，尤其是「諸葛亮上壇台觀看四方」的「看」字唱得有舉刀斷流的斬峭，比他以前灌的唱片好多了，所以觀衆都一致叫好，許鐵軍更笑着對我說：「這個『看』字，就值一張戲票。」

「你覺得馬連良那齣戲最好？」我想考驗他一下。

「有的人喜歡他的借東風；有的人喜歡他的四進士，蘇武牧羊，甘露寺；我個人却喜歡他的審頭刺湯，那幾句道白完全表現出了陸炳的情感和身份，傳神之至。」

我覺他這段話確有見地，我也有同感，我常聽到父親和朋友們批評馬連良的優點是圓，俏，但有俗氣，而且咬字不正，吐字不清，不過對他的審頭刺湯那段道白都一致予以好評。

「你的見解很不錯，不下於老北平。」我誇獎他兩句。

「謝謝妳的誇獎。」他附着我的耳朵輕輕地說。

「不要這樣講話，人家看見了怪難爲情的。」我輕輕地說，其實我心裡很高興。

「如果妳這樣胆小害羞，那我們什麼事情都做不成。」他俏皮地說。

我覺得他已經向我展開攻勢了，假如我防衛得太嚴，他一定會失望，假如我毫不防衛，又怕他過於大胆，因此我微微嗔怪地說：

「別胡扯，聽戲吧。」

他果然不再講話，一本正經地注意台上，幾分鐘之後他又回過頭來問我：

「妳對於言菊朋的印象如何？」

「我很喜歡聽他的戲。」我說：「你呢？」

「同妳一樣。」

「你覺得他的戲如何?」

「言菊朋的戲很有書卷氣，咬字吐音尤其準確清楚，他每一齣戲都耐聽，尤其是臥龍吊孝，格外傳神，眞把諸葛亮唱活了!」

「他沒有缺點嗎?」我再考驗他一下。

「他的缺點是稍嫌纖巧，不够雄渾蒼勁，但他的書卷氣十足，像讓徐州，打鼓罵曹，充分表現了書生氣質，了無俗氣，這是非常難得的。」說到這兒他微微嘆了一口氣:「可惜他死早了一點，我只能聽聽他的唱片，看不到他登台表演。」

我點點頭，我心裡對他暗暗佩服，我眞有點不相信他是軍人?但我仔細看看他，他明明穿的是軍服，體格魁梧，相貌英俊，端坐在椅子上確是英氣勃勃，一點也不含糊，不由得我不喜愛他。他對平劇欣賞能力這樣高更是一個難得的知音，我覺得我們兩顆心已經無形地拉近了。

散場之後他又請我消夜，因爲已經夜深的關係，他又叫了一部三輪車陪我回去，北平的三輪車小，照規矩只能坐一個人，但他願意出双倍的價錢，硬要和我坐在一個車上，因此我們的身體靠得很緊，和一個男人這樣接近，在我還是第一次，所以我不免感覺有點窘迫。但他却談笑自如，並對我表示一種適當的體貼，一點不輕舉妄動。這漸漸地解除了我的畏怯心理，同時也對他產生了一種親切的感覺。

「今天這場戲看得很够味，在後方是很難看到這樣的戲的。」他感慨地說。

「後方是否沒有好角兒？」

「不僅缺少好角兒，也沒有好院子，更糟的是人聲嘈雜，亂吼亂叫。假如遇到一個警報老生，那叫好聲眞會吵痲耳朵。」

「什麼是警報老生？」我奇怪地問。

「妳聽過放警報沒有？」他望着我說：「那聲音又尖銳，又響亮，拖得又特別長，唱得實在刺耳極了，做得又臉紅脖子粗，但那五顏六色的觀衆都拚命地叫好。」

他頻頻搖頭，我也好笑。

「他們歡喜青衣花衫嗎？」

「自然歡喜。」他向我幽默地一笑：「不過大多數人是看她們漂不漂亮？嬈不嬈？」

「後方難道沒有懂平劇的?」我有點不相信。

「知音的不是沒有，不過沒有北平這麼多，這麼普遍。氣氛是靠大家培養的，少數人起不了作用。」

他這話很有道理，在北平「長安」這樣大的戲院看戲的確是一種享受，決沒有人亂喝彩，很多老先生都是閉着眼睛靠在椅子上靜靜地聽，如果是名角登台，眞是全場鴉雀無聲，坐在最後一排也能聽得清楚。

「那你以後在這兒可以多看幾場了。」我鼓勵他說。

「我一個人?」他俏皮地望着我笑。

「假如功課不太忙，我願意奉陪。」我知道推拒不了，我也不想推拒，聽京戲是一種享受，和他一道聽更是一種最好的享受，所以我爽快地說了。

他高興地伸出手來把我往懷裡一摟，我的心劇烈地一跳，我連忙掙脫他的手，白了他一眼，他得意地笑了起來。

車到我家門口時他首先跳下了車，隨即伸手把我扶了下來，付過車錢之後車夫很識趣地拐進另一個衚衕去了。

「這個星期三我們去萬壽山玩玩好嗎？」他又向我提出要求。

「假如你再不規矩，我永遠不跟你玩了。」我微微嘟起嘴巴。

「那我永遠規矩好了。」他向我俏皮地說。

「好的。」我向他閃電地一笑，又迅速地推開虛掩的院門閃了進來，我怕他又不規矩，連忙背着身子把門抵住，我的心在怦怦地跳。

今天的遊人特別多，遊諧趣園的人更多，這兒環境清幽，小橋流水，魚兒在水中自在地遨遊，據說當年慈禧太后最歡喜在這兒遊玩，我和鐵軍在這兒玩了一個多鐘頭，因爲人太多太鬧，他要「轉移陣地」，我也只好同他到人比較少的地方逛逛。

東門宮，仁壽殿，景福閣，玉瀾堂，排雲殿，佛香閣，智慧海，長廊……這些古色古香的宮殿式的建築我們都走馬看花地逛過了。最後我們到石舫上休息，這兒比較清靜，我們坐在樓上眼界也比較開闊，紅牆綠瓦，碧水青山，盡入眼中，春風陣陣吹來，使人心曠神怡。

我們泡了兩杯清茶，又要了兩盤點心，吃過之後身心格外舒暢。鐵軍撫摸着玉欄杆隨口輕吟了一句李後主的詞：

「雕欄玉砌今猶在！」

他的聲音裡面彷彿有點感慨。

「去年這兒還是日本人的世界，今年他們已經滾蛋了。」我笑着說。

「不到北平不知道北平的偉大，這麼一個好地方再也不應該讓它落進外國人的手裡。」

「別杞人憂天吧，」我阻止他，我不願意聽他這些掃興的話。「今天我特地陪你到這兒來玩，你應該讓我玩得痛快。」

他馬上向我抱歉地一笑，隨卽掏出一枝馬立斯來熟練地吸着了。

「你怎麼老愛抽這種烟？」我好奇地問他，我知道還有好多種煙，像紅吉士，駱駝，都很普遍，他爲什麼不換換口味？

「這是我的怪癖，我不喜新厭舊，吸慣了馬立斯我就不愛吸別種煙。」

「這是很好的習慣。」我誇獎他一句。

「妳也有這種習慣嗎？」他笑着問我。

「我沒有吸煙的嗜好。」我說。

「對於別的東西呢？」他望着我隨即指着桌上的清茶說：「譬如說喝茶吧？」

「我愛清茶。」這是實話，我只喜歡這種茶，萬不得已時才喝紅茶。

「不時常更換嗎？」他又問我。

「除了情形特殊，我決不輕易喝別種茶。」

「妳的習慣也不壞。」他向我點點頭。

「你問這些幹什麼？」我奇怪他怎麼會鄭重其事地問我這些話。

「不幹什麼，」他向我深情地笑，然後又接着說：「不過有些人並不這樣。」

「喜新厭舊人之常情，這也不能深怪。」我說。

「像吸煙喝茶這些小事自然不足爲怪，可是有些事情却不能不認眞。」他說。

「你這有點像教家館的老學究了。」我笑着說，我記得一位曾經教過我讀經書的老先生，他那份固執的脾氣眞是少有，一襲破舊藍布大褂老不肯丟，他說不是爲了省錢，而是和它發生了情感。鐵軍是一個完全新派的人物，他怎麼也會有這種脾氣？

「妳不喜歡嗎？」他望着我笑。

「誰說我不喜歡?」我馬上白了他一眼。

他快樂地笑了，同時把他的右手輕輕地壓左我的在手背上。

我的神經有點緊張起來，心也跳得快了，我故意把手縮開，不讓他壓着，但他用力一按，我的手竟縮不回來，我幾乎痛得叫了起來。他連忙用双手捧着我的左手輕輕按摩，儘向我笑，我的心跳得更厲害，我不知道我是否從臉上一直紅到耳根脖子上來。

「妳好像喝醉了酒，臉像秋天的紅葉。」他詼諧地說。

我連忙用右手摸摸臉，好像有點發燒，我輕輕地罵他：

「討厭！又不規矩！」

但我的左手並沒有馬上縮回來，我好像失去了縮回的力量，其實他兩手揑得並不太緊。

看見我這樣子他又快樂地笑了，同時把我的手仔細端詳一番。

「妳這手生得太秀太嫩，經不起一點壓力。」他說完之後又愛惜地撫摩了幾下。

「誰叫你用那麼大的力氣?」我裝作生氣的樣子。

「只不過是輕輕地一按。」他笑着說。

「還說輕？再重骨頭都要壓碎了！」我瞪了他一眼。我眞奇怪他的手怎麼會有這麼大的力量？

他又笑了起來，同時輕輕地對我說：

「妳眞是金枝玉葉。」

「別油嘴。」我把頭扭過去，望着下面碧綠的湖水。

「好，我們索性站起來看吧。」

他牽着我的手站了起來，我們並肩倚着玉石欄杆，靠得很緊，他的手挽着我的腰身，在水中我們看見一對親密的人影。

「妳看，那像不像一對愛人？」他指着水中我們的影子說。

「你眞壞！」我白了他一眼，我不禁笑了起來。

「妳看，她笑得多美？」他又指着我的影子說。

「你再說我以後眞不同你玩了。」我嘴裡雖這麼說，心裡却正高興，我眞想不到他是這麼善於旁敲側擊？這麼風趣機智？

「僅僅這一次也就足慰平生了。」他的手把我挽得更緊了。

「是嗎？」我反問他。

「嗯，」他點頭微笑。「假使時間永遠停留在這兒，我還有什麼不滿足的呢？」

「你想抓住時間嗎？」

「不如說我想抓住一個人。」他馬上更正。

「她並沒有逃走。」

「我想她也不願逃走。」

我故意把身子移動一下，他馬上把我挽緊，我看看他，他看看我，我們同時笑了起來。

遊萬壽神怡心曠

第七章 上排雲碧水青山

在平滑的柏油馬路上我們騎着脚踏車并肩而行，上弦月斜掛在楊柳梢頭，春風迎面吹來，了無一點寒意，全身的細胞都是舒暢的。

「妳的頭髮像春天的旗。」他用一隻手輕拂着我被微風飃起的頭髮說。

「怎麼你在做詩？」我笑着說，我聽他這句話很像現在流行的新詩。

「這是我的直覺，」他也笑着說：「我並不懂詩。」

「你看這春天的夜是否很有詩意?」我看着兩邊青青的麥田，一陣輕風吹過就掀起微弱的波浪，不禁觸景生情地說。

「嗯，」他點點頭說：「而且是一首情詩。」

「你又胡扯?」我輕輕地罵他一句。

「因爲有我和妳。」他伸過頭來地輕輕對我說。

我沒有作聲，現在我不能不承認這個事實：我們的確是在戀愛。

騎到海甸鎭我們下車來吃了一頓晚飯，就擱了三四十分鐘，再動身時就快十點了。好在離城不遠，我們仍然是不徐不急地踏着，到三貝子花園以後兩旁都是槐樹林，我們在樹影中並肩行進，這比來時要有意思多了，我們可以盡情地談笑，不必耽心人多眼雜，他的話越來越多，而且很有意思，有時一語双關，使你又氣又笑。

「今天回家又這麼晚，老人家會不會講閒話?」快到西直門時他忽然這樣問我。

「你倒很有良心，忽然關心起我來了，」我故意損他。

「自從第一次見妳的那天起，我無時無刻不在關心。」

「既然關心就不該要我這麼晚回來。」

「以後我們的約會一定先報告老太爺一下，免得他躭心。」

「你好意思開口？」我望着他說。

「妳說說何妨？」他輕輕地請求。

「我才沒有那麼厚的臉皮！」我故意嘟嘟嘴。

「那我只好親自出馬了。」

「你想我父親會答應嗎？」

「那要看我的運氣。」

「不妨說看你說話的藝術。」

「在他老人家面前我想還是老實些好。」

「爲什麼？」

「他是長輩。」

「那你對我爲什麼又不老實？」我抿着嘴笑。

「如果我對妳像一個孝子，那還談什麼戀愛？」他忽然把頭一昂，像一匹駿馬引頸長嘶。

「好厚的臉皮！」我忍不住笑了，他也快樂地笑了起來。

進城之後，他在一家南貨店裡買了幾盒點心，買好就綁在我車子的後座上來。

「你這是什麼意思？」我問他。

「請妳帶給老人家吃。」他虔誠地說。

「你自己不會送去？」我覺得我帶回去無法交代，他親自送去父親母親也許會更喜歡他？

「就是不要他們知道是我買的。」

「你不想要回這份人情？」我故意逗他。

「什麼話？」他白了我一眼：「這可不是生意買賣。」

「那你是誠心孝敬了？」我望着他說。

「說不上。」他搖搖頭。

我覺得他人很實在，一點也不虛僞，我心裡很高興。

「那麼我們走吧。」我騎上車子走了。

他也跳上車子趕了上來。

「妳一個人回去不怕？」他笑着問。

「假如你不願送你可以回去。」我看也不看他一眼。

「如果遇到了强盜那怎麼辦？」他又笑着說。

「我請他吃點心。」我指着車子後面的點心忍住笑說。

「嘿！恐怕沒有那麼便宜？」他笑了起來。

「那我讓他搶去。」我想激他一下。

「那太可惜。」他故意幸災樂禍地說。

「反正不關你的事。」我有點生氣，我用力踏着車子向前直衝，他也用力踏着車子追了上來，但還沒有趕上我，他的車子鍊條忽然脫落了，我不但不等他，反而加速飛馳，不久我就拐進了一條深深的衚衕，忽然迎面碰上了兩個不三不四的男人並肩走來，我一時煞車不及，撞上了左邊的這個人的大腿，我連忙下車向他道歉，他起先好像很氣，但看見我是一個單身女子，就哈哈大笑，同時在我臉上摸了一把：

「怎麼這麼性急？是不是會野男人去？」

我氣得一時說不出話來，他看見我不作聲，以爲好欺，於是兩人圍了過來。

「會不着沒有關係，跟我們一道去還不是一樣的？」另一個斜楞眼的傢伙說。於是他們兩人都得意地笑了起來。

「你們不要無禮？」我邊說邊退。

他們看見我倒退又趕上兩步，我已經靠着牆壁，無處可退了。

「乖乖！妳倒講理，妳撞了我還沒有賠償哩！」被我撞着的這個半捲着袖口的傢伙又在我臉上摸了一下，我氣得叫了起來，那個斜楞眼的傢伙聽我大叫連忙用手蒙住我的嘴巴，半捲着白袖口的傢伙又乘機在我胸前摸了一下，我拚命地掙扎，我的車子也倒了！正在我感到絕望的時候，鐵軍騎着車子趕到了。這兩個人看見他來了就都放下手來。

「你們幹什麼？」鐵軍厲聲質問他們。

「不關你的事。」那兩個傢伙看見他是一個人，又沒有帶武器，兩手交叉在胸前，滿不在乎地說。

「他們欺侮我。」我大聲地說。

鐵軍看見我的車子倒在地上，頭髮蓬亂，熱血馬上衝上臉來，隨手就是一拳，打在被我撞了一下的那個半捲着白袖口的傢伙的下顎上，他兩脚朝天地倒了下去。那個斜楞眼的傢伙看見他的同伴被打就向鐵軍猛撲過來，鐵軍用左手抓住他的衣領往上一提，右手在他的小腹上連打兩拳，那傢伙就双手抱着小腹伸不直腰，這時那個半捲着白袖口的傢伙連忙爬了起來，我以爲他會和鐵軍打，鐵軍也迅速地迎了上去，誰知道那傢伙不敢招架，調轉頭來就跑，因爲他的大腿被我的車子撞了一下，跑起來是一跛一跛的。這斜楞眼的傢伙半天才伸直腰，等他剛一站穩，鐵軍又對準他的屁股像踢足球樣地踢了一脚，他馬上狗吃屎地栽了下去。

「走！」鐵軍連忙替我扶起車子，我迅速地騎了上去，向前急駛，他也跳上車子連忙趕了上來，我們一口氣直衝到家。

下車以後我倚靠着牆壁喘氣，他伸手替我理理頭髮，我脈脈地望着他，他也深深地望着我，我突然感到我嘴上有一股重大的陌生的壓力，我的眼睛自然閉起，我恍惚覺得我的双脚已經離地……。

第八章

淑女心情迷意亂

壯士情口搖心高

當我從初吻的暈眩中回到現實的世界時，他仍然站在我的面前，用手拂着我的頭髮，我像從霧裡望着他。

「這是眞實的嗎？剛才是他吻我嗎？」我迷亂地想着，迷亂地望着他。他又双手捧着我的臉，深深地看着我的眼睛，然後又是一陣狂吻。

這次我沒有先前那樣暈眩，我覺得確是他在吻我，他那强有力的兩臂，他那魁梧的身體，在在都給我以眞實的感覺。我微微睜開眼睛望着他，他的長方臉仍然是那樣健康而紅潤，他的兩隻大眼睛充滿着激情，我完全放心了。我像一隻經過驚濤駭浪的小舟，安靜地躺在溫暖的港灣，我柔順地讓他緊緊地環抱着，我感覺到他的心跳和我的心跳。

衚衕裡的燈光相當昏暗，時間的脚步從我們的身邊匆匆地走過。忽然一對鬧春的貓兒從屋脊上翻滾下來，我大吃一驚，連忙把他推開，及至聽到兩隻貓兒嗚嗚地叫又不禁啞然失笑。

「妳像一隻胆小的花貓。」他附着我的耳朵輕輕地說。

我覺得我從來沒有這麼大胆過，我怎樣也想不到我怎麼敢和他深夜在衚衕裡狂吻？而且是在我自己家的門前？我不知道是那兒來的這股勇氣？以前我也從來沒有過這樣的經驗。望着室內的燈光，我突然感到一陣羞慚。

「你最好快點走。」我推着他催促他早點離開。

他又深深地望着我，這下我有點害怕，我怕他又有突然的舉動，更怕人走進衚衕，萬一被別人碰見了那成什麼話？因此我拉起門環裝作要敲的樣子，他才突然被驚醒過來。

「芬，希望妳永遠記住今天。」他感情濃重地說。

我點點頭，我永遠不會忘記我第一次把一顆少女的心交給一個男人。

「我走了？」他開始推動車子。

「你也應該早點回去。」我向他點點頭。

他向我揚揚手就跳上脚踏車走了，在衚衕口他又向我揚揚手，我也向他揚揚手，我脈脈地望着他離去。

於是，我重重地敲了一下門環。

由於緊張與奮過度，我第一次失眠。

剛才發生的事情我怎樣也忘不了，眞想不到那兩個流氓會那樣壞？如果不是鐵軍及時趕到，我可能要受更大的侮辱，從那時起，我才想到一個女人不僅需要愛情，同時還需要保護，這兩件事鐵軍剛才都做到了。他給那兩個流氓的打擊使我得到了保障，他給我的兩次狂吻使我享受了人生最大的幸福。在這之前我一直以爲我是很幸福的，在這之後我才確實知道什麼是幸福了？從前我以爲父母給予我的愛人間再也沒有什麼足以比擬，再也沒有什麼比我父母的愛更能充實我的生活，可是現在我不能不承認一個新的力量，這個力量可以影響我，更能充實我的生活，它使我從父母的愛中覺醒過來，它在我的生活領域裡開闢了一個新天地，使我看見了另一個新世界，它使我的思想複雜，使我的精神發生變化，它使我成熟，使我在頃刻之間長大，我覺得我不再是一個躲在父母愛的翅膀下的小姑娘，我已經是一個成年人，一個十足的成年人了！這完全是愛情的力量，鐵軍的賜予。

我感覺到鐵軍對於我和父母是同樣的重要。

「明天我見不見他呢？」我爲這個問題苦惱。

見他嗎？實在抽不出時間；不見他嗎？心裡又非常想念，他離開我還不到兩小時，而我彷彿經過了一世紀，假如這時他突然飀到我的床前，那該多好呢？我覺得我有很多話要向他講，首先我想問他是不是眞心愛我？假如眞心愛我以後會不會變心？我又想問他究竟我有什麼優點值得他愛？到現在我還沒有發現我有什麼特殊的優點？我知道我並不是天字第一號的美人，也不是一個天才，比我美比我聰明的女人很多，他爲什麼不愛別人而愛上了我？對了！我還想問他什麼時候向我求婚？這是很重要的問題，很快我就要高中畢業，這是一個很好的機會，錯過了這個機會我要升大學了。這些問題老在我頭腦裡盤旋，縈繞，假如他在這兒我不是馬上可以向他說了？啊！不，假如他眞的突然出現在我的面前，也許我會一陣暈眩，一句話也說不出來，反而伏在他的胸前哭泣呢？不知道怎樣的，我有一種很想哭泣的感覺，我不知道是悲是喜？是幸福還是痛苦？我摸摸胸口，我的心臟在劇烈地跳動。一摸到胸口我又想起那個流氓，我眞恨他，我眞想砍掉他那隻鬼手，他竟敢對我那樣輕薄褻瀆？當鐵軍一拳把他打倒時我心裡眞有說不出的高興！雖然我沒有親手打他，但我也有一種報復的快樂。想到這兒我眞感激鐵軍，他確是一個男子漢，他使我有一種安全感。

「不管怎樣明天一定見他，」我心裡這樣想。「今天我是最幸福的了。」

於是，我聽見後院裡的雄鷄喔喔地長啼，在喔喔聲中我迷迷糊糊地睡着了。

「我昨天失眠。」鐵軍和我一見面就這樣說，他的眼圈有兩道黑暈。

「爲什麼？」我故作不解地問。

「爲妳。」他輕輕地說又向我一笑。

「你猜我昨夜幾點鐘睡？」我也笑着問他。

「恐怕妳比我睡得更遲？」他先向我端詳了一下然後笑着說。

「你的眼力不錯。」我笑着點點頭。

「是不是準備功課？」他明知故問。

「功課？哼哼！」我有點火氣，我冷笑一聲：「功課快要還給先生了。」

「那我害了妳了？」他向我走近一步，握着我的手說。

「還好，害得不深，只不過是一夜失眠。」我把頭扭了過去。

他把我往懷裡一攬，把頭托了過來，迅速地給我一個深深的吻。

「這該害得不淺吧？」他抬起頭來望着我笑。

我把他一推笑着逃開了，他也笑着趕了過來。

「不准再動手動脚。」我先下戒嚴令，我生怕別人窺見。

「說眞的，妳的功課也要注意。」他正經地說。

「我何嘗不想注意？」我望着他說。

「有什麼困難嗎？」他笑着問我。

「思想不能集中。」我縐縐眉頭。

「不要胡思亂想就得了。」他俏皮地說。

「你倒說得輕鬆！」我白了他一眼。

「不能睡覺，又不能讀書，那還得了？」他冷言冷語地說。

「都是你這個禍根！」我罵了他一句。

「那麼從今天起，我避不見面，好嗎？」他笑着向我提議。

這下倒把我難倒了，我眞不知怎樣回答他才好？天天見面固然妨礙我讀書，三天不見面又放不下心來，卽使他能做到我可不能那麼容易地把日子打發過去。

「我倒想問問你，我畢業以後怎麼辦？」我忽然想起這個問題，他的話我就避而不答了。

「妳看怎麼辦？」他反問我。

「你沒有意見？」我奇怪地望着他。

「不是我沒有意見，是我尊重妳的意見。」他低頭向我解釋。

「你不妨先把你的意見說說看。」我要他先表明心跡。

他踱來踱去躊躇了半天，然後才鄭重地說：

「爲了妳個人的前途，自然是升學好。」

「現在不是我個人的問題。」我馬上接着說。

「我也不能太自私。」他說話的態度很鄭重。

「假如我升學，我們的事情一定要拖幾年。」我大聲地提醒他。

「不升學呢？」他偏着頭問我。

「那就看你怎樣決定了？」我向他閃電地一笑。

「我想同妳大表哥商量一下。」他考慮了很久才說。「妳最好也向老人家請教一下。」

「難道你自己毫無主張？」我想逼出他內心的話。

「不是沒有主張，」他搖頭否認，隨後又補充一句：「剛才我不是和妳說過我不能太自私嗎？」

「自私又怎樣？不自私又怎樣？」我仍然不放過他。

「站在我個人立場，我希望早點結婚，最好妳一畢業我們就結婚。」他望着我慢慢地說：「可是，我必須顧及妳的前途，同時也要尊重妳父親母親的意見。」

我很高興他不是一個自私的人，但是我更高興他說出了自私的意見。

「那麼我們分別徵求他們的意見好了。」我說。我準備日內徵求父親母親的意見，我也希望他能和大哥商量商量。

「希望有一個兩全的辦法。」他輕輕地擁抱了我一下。

幾乎有一個星期我沒有和鐵軍見面，一方面是他有事，一方面是我的功課太忙。但在這個星期三我們又見面了。

「我們的事情妳談過沒有？」他首先問我。

「談是談過了。」我冷淡地回答。

「妳父親的意見怎樣？」他顯然有點急。

「等幾年再說吧？」我看見他急，更無所謂地說，同時反問他：「你同大表哥商量的結果怎樣？」

「不說也好。」他把手一攤，心裡顯然不大樂意。

「他不讚成我們的事嗎？」我裝作十分關切的問他。

「不是。」他簡單地吐出了這兩個字。

「那你爲什麼這樣不高興呢？」我貓兒哭老鼠地說：「誰得罪了你嗎？」

「我有點奇怪？」他用右拳擊了一下左掌。

「奇怪什麼？」我追問一句。

「妳大表哥讚成我們暑假結婚，而且他鼓勵我向妳父親正式提出這個問題，他還保證絕對不會碰壁。」他惶惑地望着我說。

「那你爲什麼不正式提出這個問題？」我又激他。

「照妳的口氣那就不必多此一舉了。」他垂頭喪氣地說。

「你準備知難而退嗎？」我責怪地望着他。

「妳是否想要我去碰釘子？」他睜大眼睛望着我。

「假如你連這點勇氣都沒有那就什麼也不必談了。」我馬上轉過身去。

「我也不能不度德量力?」他向我走近一步，說話的態度很愼重。

「我問你，你每次打仗是否都有勝利的把握?」我轉過身來面對着他。

「不一定，」他搖搖頭：「有時還得冒險。」

「你冒過險沒有?」我不信任地望着他。

「冒過很大的危險。」他毫不遲疑地回答。

「旣然能冒着生命危險，爲什麼不能冒一次愛情的危險?」我嚴詞質問他。

他不作聲，他在沉思考慮，我不等他考慮完畢又接着說：

「不管我父親同不同意，在禮貌上你也應該去看看他。」

「妳父親對我的印象到底怎樣?」他惶惑地望着我。

「這很難說，」我賣了一個關子：「不過他正在選擇女壻。」

「妳說什麼?」他一把捉住我的手臂。

「選擇女壻。」我又重覆一遍。

他把我一推，我幾乎跌倒下來。

「那妳回去吧！」他傷心地向我揮揮手。

「爲什麼？」我盯着他問。

「我心裡很亂。」他抓着頭髮說。

「我可沒有那麼便宜。」我的口氣很緊。

「妳是想要我賠償損失？」他抬起頭來望着我說。

「誰稀罕你什麼賠償？」我不屑地把嘴一撇：「我要你問問良心。」

「我並沒有對妳不起？」他把脖子一縮兩手一攤。

「你辜負了我的幸福。」

「那又有什麼辦法補償呢？」

「勇氣，眞心。」我加重語氣說。

「我對妳沒有一點假意，但我不能提着手槍向妳父親逼婚。」

「他也不怕威脅。」

「我可不能跪着去求。」

「用不着那樣卑鄙。」

「那我該怎麼辦？」他忽然捉住我的兩臂用力搖了幾下。

「公平的競爭。」

「妳要我同那些油頭粉面的小子一道去獻殷勤？」他極其鄙視地白了我一眼。

「隨你怎麼說。」

「我可不幹！」他用力摔下手來。

「那你準備放棄我了？」我望着他冷笑。

「如果妳讚同妳父親的選擇，那我也只好放棄。」他忽然鎮靜起來。

「是否因爲你已嚐到了一點蜜？」我譏笑他。

「我沒有這麼輕薄！」他大聲地反駁。

看他氣憤狼狽的樣子我幾乎忍不住笑了出來，但我決心再戲弄他幾句：

「我可被你輕薄過了。」

「這種事情只有各憑天理良心！」他幾乎舉手發誓。

「什麼天理良心？吃虧的總是我們女人。」我冷冷地說。

「女人？女人？……」他兩眼茫然地望着天空，不住地搖頭。

「女人怎樣？」我笑着問。

「女人是狐狸精！」他大叫起來。

看他那漸漸失去理智的瘋態，我終於忍不住笑了起來。

「妳笑什麼？」他兩眼瞪着我。

「我笑你發瘋。」

「我沒有瘋！」他大聲否認。

「剛才你侮辱了我，知道嗎？」我和顏悅色地說。

「也許是我失言。」他有點悔意。

「那你應該向我道歉。」我向他微笑。

「我還沒有學會。」他倔强地說。

「現在開始學還不算遲。」

「沒有必要。」他倔强地搖搖頭。

「好，那我走了。」說着我轉身就走。

起先我還以爲他會攔住我，但他並沒有動作，他只悵然地望着我離開。

走了五六步我忽然回過頭來笑着說：

「我還有一句話忘記告訴你，那是我父親說的。」

「講吧。」他冷冷地說。

「他說他同意你的自私。」

他突然睜大眼睛望着我，幾乎不相信自己的耳朵。

「妳講什麼？」他再追問一句。

「他說他同意你的自私。」我大聲重覆一遍。

我看他臉上突然掠過一道光彩，突然伸開兩臂，向我直奔過來，我馬上感到一種巨大的壓迫。

「剛才我幾乎氣暈了。」他在我耳邊輕輕地說。

「誰叫你這樣缺少理智？」我向他溫柔地說。

「人有時不能控制自己。」他向我一笑。

「平常你好像很鎮靜的？」

「剛才的情形可不平常。」

「你又何必那樣嚴重呢？」

「大概是情之所鍾吧？」他自我解嘲地笑，隨後又問我：「妳為什麼要那樣戲弄我？」

「我想看看你的心。」我笑着說。

「妳不怕傷了我的心？」

「你們男人的心很硬。」這句話我是從太太們那兒聽來的。

「那是傷心以後的情形。」

「幸好我還沒有傷你的心。」

「可也危險得很。」

「以後我不再冒險就是了。」我向他一笑。

「千萬別再淘氣。」他拍拍我的肩膀。

「這次你能原諒我嗎？」

他先向我寬恕地一笑，隨後又在我臉上輕輕地一吻，我眞快樂高興極了。

「說眞的，妳父親對我印象到底怎樣?」他又鄭重其事地問我。

「他決定選你作女壻。」

他把我緊緊地擁抱了一下。

「妳母親呢?」他又問。

「她可不同。」我誇大其詞地說。

「怎樣?」他的臉突然拉長。

「她希望明天就抱外甥。」我附着他的耳朵輕輕地說，輕得幾乎聽不出來。

他馬上把我舉了起來，團團地飛轉。

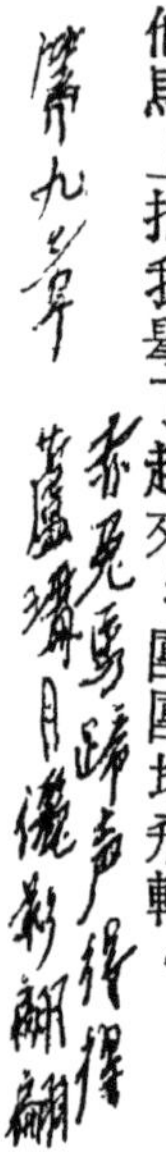

日子過得很快，我的畢業考試已經舉行完畢了。據非正式統計，我已經由前三名退到二十一名了，這是由初進小學直到高中畢業從來未有過的最差成績。這一學期我贏得了愛情，却失去了榮譽。

父親對於我這一學期成績的退步並不責怪，他認爲這是公平合理的，一個人不能得的太多。大表哥表嫂却以此作話題開我的玩笑，鐵軍則對我表示內心的歉意。

「這不能完全怪你。」我安慰他。

「最少我也要負一半責任。」他說。

「算了，沒有誰向你追究責任。」我[redacted]。

「妳父親眞好。」他[redacted]感激地[redacted]。

「他不好你有這麼方便?」我說。我父親對他確實很好，他到我家來父親總是親切地招待他，和他聊天，下棋，留他吃飯，對於我們的約會他也從不干涉阻止，這次我的成績退步他一點也不怪鐵軍，他反而開明地說：「眞正的學問不是從成績單上可以看得出來的。」

由於父親的開明，畢業考試之後我們幾乎是天天在一起，他一有空就跑到我家來玩、或是打個電話約我出去。

對於升大學的事我完全沒有放在心裏，我和鐵軍的愛情已經成熟，戀愛是人生最甜蜜最幸福的事，我想無憂無慮地渡過這個假期，鐵軍却在爲結婚的事預作準備。雖然我們還未訂婚，但已經儼如未婚夫婦，本來我們是可以在我畢業後馬上訂婚的，但是鐵軍不願多此一舉，他說反正要結婚的，何必多此一舉呢?我父母也不堅持要先訂婚，所以也就免了。

關於結婚的日期我們自然希望提前，可是父親的意思是等秋涼時再決定，那時秋高氣爽，我們可以愜意地度過一個蜜月，這個意見我們自然不便反對，結婚之前仍然可以過着戀愛生活。

北平城內的名勝古蹟我們統統玩過了，本來這些地方我去過何止十次八次，但鐵軍有很多地方沒有去過，他有興趣去玩我也就樂於奉陪了，爲了永留紀念我們還拍了許多照片。

一天夜晚月色很好，鐵軍忽發奇想，他要我陪他去蘆溝橋，而且要騎馬去。

他有一匹火紅色的日本馬，這匹馬比我還高，身子也很長，是他的部隊接收下來的。我因爲沒有騎過馬，看了這匹大馬就有點怕，但他却爲我租了一匹姣小溫馴的牝馬，硬扶着我騎上去，起先我連腰都不敢伸直，他牽着馬走了幾步之後我覺得還蠻平穩，這才漸漸地胆壯起來，他並且教了我如何控制韁繩的技術。

他爲了安全起見，他隨身佩了一隻手槍，以防萬一。我們動身時已經快十二點了，他之所以要夜晚去玩。除了是觀瞻這一抗日戰爭的導火線，富有歷史意義的大橋本身之料，請您欣賞一下「蘆溝曉月」究竟是一種什麼景象？

一上柏油馬路，我們的馬就開始小跑起來，他的馬體高步大，鐵蹄敲在地面上篤篤地響，我的馬小，和牠齊頭並進有點吃力。

「你這馬眞好，眞有點像關公的赤兎馬。」我說。這馬今年春天剛換過毛，一身火燄般地紅，三國演義上所描寫的赤兎馬也不過如此。

「這是一個日本中將的坐騎，的確不壞，一天能跑四五百里。」他笑着拍拍馬的肩胛。

「是否出過奇蹟？」我問。

「以前的情形我不知道，我接收之後牠倒出過一兩次力。」他揚着馬鞭。

「經過情形怎樣？」

「有天夜晚我從營部開會回來，遇到了幾個[redacted]騎兵的襲擊，他一連跳過幾條一丈多寬的壕溝，使我安然脫險。」

他邊說邊做手勢。看樣子牠好像訓練有素。我看牠常常豎起耳朵，眼睛總是注意前方，隨時保持警戒，不是訓練有素就不會這樣的，我這匹牝馬就比牠差多了。

「牠的感覺特別靈敏，牠能分辨子彈射擊的方向，而且能巧妙地閃避，因此我給牠取了個名字叫『金不換』。」

「這樣好的牲口自然不能賣給別人。」我伸過手去拂拂牠屁股上的新毛。

「以後我恐怕還有仰仗牠的日子。」他摸摸牠的鬃毛說。

「希望牠能保你平安。」

「妳想看牠快跑嗎?」他忽然笑着對我說：「牠跑起來眞像一陣風呢。」

「不，我的馬趕不上，我也不敢跑馬。」我連忙搖頭。

「那就讓牠這樣小跑吧。」他說着隨手把繮繩一鬆，牠就的篤的篤的地踏着輕鬆的步子。

「反正不趕時間，用不着大跑。」我也把繮繩放鬆。

今夜月色眞好，碧空萬里無雲，柏油路又很平整，坐在馬背上無異乘敞車兜風，相當涼快。路上有少數車輛和行人，小井大井財神廟竟在不知不覺間過去了，順治門也過去了，不多久就看到蘆溝橋橫跨在永定河上，仰臥在銀色的月光之下了。到橋頭我們就双双下馬，去看「蘆溝曉月」這幾個字，它們已經殘破不堪，亭子也傾圮了。

我們牽着馬在橋上慢慢行走，從這端走到那端，邊走邊數兩邊的石獅子，數來數去還是沒有數清，他數的數字同我數的總有出入，十一個橋孔倒是很容易看清楚的。

據說這座橋長六百六十尺，寬二十六尺，是金人在大定年間修建的，已經相當古老了，它比人的壽命長得多，七七事變就是在這兒發生的，如今橋仍無恙，日本人却滾蛋了。

我們把馬拴在石獅子上，並肩站着，望着下面的河水靜靜地流，我們的頭靠在石獅子上，石獅子在銀色的月光下閃光。

「日子過得眞快，一幌就快十年。」他感慨地說。

「那時我才十歲。」我說。我記得那時我還不大懂事，以好奇的眼光看着日本兵進城，却不知道這件事關係中華民族的命運。

「那時我高中還沒有畢業。」他說。

「現在日本人走了。」我說。

「我已經是上尉。」他指着他的領章說。

「再過十年不知道是什麼樣子？」對於未來我有點捉摸不定，我的知識還不能料定比明天更遠的事情。

「橋仍然是橋。」他深沉地說。

「我們呢?」我笑着問他。

「當然不是現在這個樣子了。」他老成地說，輕輕地擁抱了我一下。

「也許你已經有了白髮?」我笑着摸摸他的兩鬢。

「也許妳已經是幾個孩子的媽媽。」他在我臉上輕輕地吻了一下。

「比起橋來人的生命是太短促了。」我微微地嘆了一口氣，我眞希望我們能活得地久天長。

「所以我們的生活應該有熱有光。」他把我攬在懷裡說。

「就像現在這樣?」我向他一笑。

他點點頭，又在我額上吻了一下。

露水很重，夜很涼，他取出一條大毛巾披在我的肩上，我勻出一半替他搭上，他握着我的手輕輕一吻。

天上的銀河很亮，星星多得數不清，牛郎織女却隔在銀河兩岸，相傳他們一年只能會一次面，我算算還有半個月才到七夕，所以他們還得兩地相思。

「天上的牛郎織女實在沒有我們幸福。」我指牛郎織女星偎緊他說。

「別相信神話，人類的知識還不能瞭解天體。」他輕輕地拍了我一下。

「但這神話很有意思。」我歡喜這種羅曼蒂克的說法。

「我倒想把它改編一下。」他忽然向我一笑。

「你怎麼個改編法？」我連忙問他。

「我讓他們天天在一起。」他笑着說。

「那不要吵架？」我笑了起來。

「神仙比我們人類修養好，也許不會。」他幽默地說。

「天天在一起就沒有羅曼蒂克的意味，你改編得不好。」我笑着說。

「那麼讓他們和我們一樣吧。」他馬上改變口氣。

「那怎麼成？」我奇怪地說。

「怎麼不成？」他笑着問我：「我們相會他們也相會，我們分別他們也分別，讓他們和我們行動一致。」

「是他們約我們還是我們約他們？」我忍住笑問。

「當然是我們主動，他們只能聽候通知。」他神氣活現地說。

「你怎麼個通知法？」我睜大眼睛望着他。

「打個電話。」他輕鬆地說。

我笑了起來，肚子都笑痛了，我伏在他的肩上說：

「瘋話，瘋話！」

「戀愛本來就是發瘋。」他也笑了，但笑得比我含蓄。

這時他的馬忽然嘶叫起來，四隻蹄子不停地轉動，我看我的牝馬，牠却特別溫馴，兩隻耳朶向後貼着，眼睛半睜半閉，彷彿在想什麼心事？

「牠也在發瘋。」他在我耳邊輕輕地說。

我馬上白了他一眼，我要他把牠牽遠一點，他只好照辦。他知道這匹馬一使起性子來是不好對付的。

夜已經很深，星光月光漸漸慘淡起來，不像午夜那麼璀燦明亮了，永定河的水仍然在靜靜地流。

月亮愈向西沉愈見慘淡，那樣子很像一個蒼白的美人。

「天快亮了，我們回去吧？」我向他提議。

「也好，」他伸直腰說：「總算不虛此行。」

他先把我的馬牽了過來，又扶着我騎了上去，然後再去牽他自己的馬，他先拍拍牠的腦袋，又拂拂牠的背脊，這才輕捷地縱身上去。

他要我的馬走在前面，我因爲路很平坦，現在也騎得比較熟練，所以大胆地上前，誰知道他的馬緊緊地跟在我的馬的後面，而且不安份地嘶叫，我的牝馬有點胆怯，我回過頭來對他說：

「你應該好好地管制牠。」

「假如我不好好地管制那妳早已摔下去了。」他向我笑。

「討厭！」我白了他一眼，把鞭子在馬身上一抽，牠立刻飛奔起來。

他看見我的馬飛奔起來，他也把鞭子一抽，韁繩一緊，兩腿一夾，他的馬也跑了起來。

他的馬跑得眞快，三步兩步就趕上了我的馬，我看牠趕了上來又用力抽了兩鞭，我的馬就瘋狂地奔跑，我用力夾住馬鞍，抓緊韁繩，伏着身子這才沒有被摔下去。

他的馬又三步兩步趕上來了，而且大聲嘶叫，我知道我的馬跑不過他的馬，我只好慢慢勒住，他隨即和我並轡行走，並且笑着對我說：

「我看我們還是早點結婚吧！」

第十章

花燭夜與[illegible]

紅鸞[illegible]

我們結婚的日期終於決定了，那是八月中秋，一則因為這天是個黃道吉日，二則取其團圓之意。

自從我們那天夜晚去蘆溝橋之後，父親就有點耽心，他看見我們太親密，怕我們發生軌外的行為，所以不得不提早宣佈我們的結婚日期。

我陪嫁的東西早兩年就準備好了，現在只需添製一些衣服，這些款項以又其他的結婚費用父親已作準備，他知道鐵軍是個軍人，沒有多少錢化的。

不過鐵軍自己是在積極準備，只是他的家不能通匯，所以只能借自己的薪餉，並向幾位老長官借貸。

一切籌備妥當之後，日子也到了，我們結婚的地點是在東興樓，這是一個很大的酒樓，因爲我們請的客人很多，需要大點的禮堂。父親在教育界的朋友及一切親戚故舊都下了請帖，鐵軍的同學同僚長官也多半下了帖子，我的同學老師也請了不少，發出的請帖一共有七八百張，父親本來不愛鋪張，但爲了我這個獨生女兒的終身大事，他也不願做得太寒傖。

因爲這天是中秋，爲了便利客人早點散席回家賞月，所以典禮定在下午四時開始，五時入席。

我在休息室化粧好了沒有多久，鐵軍就和男儐相同來請我。他今天穿了一套新做的嗶嘰軍常服，料子好，又合身，所以顯得格外瀟洒英俊。

在莊嚴肅穆的樂聲中我挽着他的手臂踏着音樂的節奏緩步走進禮堂，男女儐相在兩邊攙扶着，兩位男女小朋友在後面替我牽紗。

行禮之後就是證婚人致詞，一位是鐵軍的師長，一位是父親的老朋友，也是我的校長，這兩位證婚人對我們兩人自然誇獎了一番，最後都祝福我們百年好合，早生貴子。隨後就輪到介紹人致詞，代表致詞的不是別人，正是我的大表哥，他說：

「新娘是我的表妹，新郎是我的同學，他們兩位的優點剛才證婚人已經說過了，不必我再說，在這兒我只想聲明一點：我雖然是介紹人，但他們兩位是天作之合，用不着我牽線，因爲第二天他們兩人就把我扔在一邊了。」

由於他說話的詼諧風趣，所以來賓都哄笑起來。

「因此我不能代表他們兩位報告戀愛經過，假如諸位愛聽的話，最好請他們自己現身說法。」

他這一慫恿觀衆都叫了起來，還拚命地鼓掌，歷久不息。我實在不好意思講，這種事怎麼能公開呢？但是來賓一再催促，不講不肯罷休，於是鐵軍向大家一鞠躬，準備開口，我連忙把他拉了一下，我生怕他講了我們的秘密，不意這一拉又被來賓看見了，於是大家都哄笑起來，直羞得我滿面通紅，不敢抬頭，但是鐵軍到底比我老練，他終於從容地開口了：

「謝謝諸位的盛意，今天給我們這麼大的光榮，我想諸位之中一定有不少的過來人，資格比我們老得多，一定知道戀愛是怎麼一回事？我們的戀愛也沒有什麼特殊，不過我可以說明一點，我們是眞心相愛，生死不渝。」他說到這兒低着頭向我：「淑芬，妳說是嗎？」

我含羞地點點頭，於是來賓樂得大笑起來，甚至怪聲叫好。

「謝謝諸位的盛意，謝謝諸位給我們這麼大的光榮，報告完了。」

我心裡眞高興鐵軍應付得體，來賓也竊竊私議，認爲鐵軍的風度修養都很不錯。

最後由我父親代表主婚人致詞，他除了向來賓深致謝意之外，並對我們勉勵一番：

「婚姻是人生的大事，青年人必須以嚴肅的態度來處理這件事，朋友們都知道我向來不愛鋪張，但爲了表示我對這件事情的重視，所以才驚動了許多親戚朋友、因此我希望新人永遠相親相愛，互信互諒，成爲一對最美滿的婚姻。」

父親的話眞是語重心長，平常他從來沒有對我們板着面孔說教，今天這番話的確值得我們格外重視，我一定把它記在心裡。

典禮完畢之後不久就接着開席，來賓都高興得嘻嘻哈哈，眞是喜氣洋溢，我們和主婚人，證婚人，介紹人，儐相在一席，平常我最怕吃酒，今天這種場面不能不應酬一下，幸好儐相事先代我準備好了代用品。

六十幾桌客人每一桌都要去敬一下，別說喝酒，就是喝茶也吃不消，有幾桌因爲客人好，很容易地應付過去了，有幾桌盡是青年客人，特別歡喜刁難，儐相手裡的酒瓶都檢查過，把我手裡的酒杯也搶過去了，重新斟進了他們桌上的酒，償相代喝都不行，一定要我們乾杯，鐵軍沒有辦法只好乾了。我無論如何不敢喝，但他們又不放鬆，結果是由鐵軍代喝了，這樣才能脫身。

敬過了六十多桌酒我已經有點吃不消，鐵軍的身體好，酒量也好，他回席上來仍然談笑自若。

回到自己席上之後，我們除了再敬客人一遍之外，我和鐵軍還特別站起來敬了我父親一杯，並且向他們保證說：

「我們一定相親相愛，生死不渝。」

因爲父親不願增加鐵軍的負擔，所以我們的新房就設在我家裡。我家的房子相當大，上房就有八間，平常大都是空着的，我們一共用了兩間，一間作書房，一間作臥室。母親更高興我們住在家裡，她說這樣可以隨時親熱親熱，因爲我家人口少，父母和我之外就只一個用了二十年的林媽，假如我們住在外面他們就更冷清了。

回到家裡之後我又洗了一次澡，換了一身輕便的衣服，因爲客人都回去賞月了，所以沒有什麼人來打擾，大表哥表嫂雖然過來陪我們玩了一會兒，不久就識趣地告辭了。

女傭林媽照着母親的吩咐在院子裡擺了一桌水菓，月餅，擺了四張躺椅，一方面是賞月，一方面是團聚。

月亮已經升起好幾丈高，父親母親早已坐在那兒，因此打發林媽來請我們去。

今天父親母親顯得特別高興，待別慈祥，完全把鐵軍當作自己的兒子一般看待，這樣鐵軍和我也就更加快樂。

我們一面分食桌上的蘋菓，板栗、梨子、藕、月餅，這些清貢，一面聊天，天南地北，上下古今，無所不談，父親和鐵軍的話最多，談的範圍也很廣，我和母親只談些家常瑣事，大家都很高興。忽然烏雲遮住月兒，父親臉色一沉。

不到十二點父親就裝出疲倦的樣子說要去睡，母親也慈愛地吩咐林媽收拾東西，我們把父親母親送走之後也就回到自己的房裡。

「妳父親真夠人情味。」他笑着向我說。可惜天公不作美。

「什麼你父親我父親？現在還不知道改口？」我溫柔地白了他一眼，他在我臉上親了一下，笑着說：

「從明天起我一定改。」

「這才像個好女婿。」我誇獎了他一句。

他又在我臉上吻了一下。

「你的酒量眞好，」聞了他的酒氣我才想起他喝了那麼多的酒，但他現在仍然毫不在乎，我不免暗暗驚奇。

「不然今天這種場面怎能應付？」他向我一笑。

「話也說得不錯。」我又想起了他的報告詞。

「妳爲什麼扯我一下？」他笑着問我。

「我怕你口沒遮攔。」我笑着回答。

「妳以爲我會那樣傻？」他望着我笑：「這些事情怎麼好公開？」

他隨即在我嘴上吻了一下，我眞有說不出來的快樂。

忽然天上起了一大片烏雲，又圓又亮的月亮馬上被這片烏雲遮住了，我心裡立刻產生一種不幸的預感，他看見我的臉色改變，惶惑地問我：

「什麼事使妳不快樂？」

「你看——」我指着那一大片烏雲說。

他也感覺到這變化有點突然，但他還是裝出笑容來安慰我：

「不要相信那些迷信，應該相信我們的愛情。」

我馬上投進他的懷裡，我們倚窗而立。

烏雲久久不散，月亮完全無光，我的心思越來越加沉重，我不知道這究竟是一種什麼預兆？是鐵軍會變心嗎？我想他不會那樣薄倖，是我會變心嗎？我也不是那樣的女人。那麼這烏雲預兆什麼不幸呢？我始終得不到答案，我希望這只是天氣的偶然變化，不要應驗到我們的婚姻上來。我看看鐵軍，鐵軍也很沉悶，他不作聲，只是默默地望着烏雲的變化。

「我們睡吧。」最後他失望地說。

「不，我一定要等月亮出來。」我委婉地說。

等了很久烏雲還是不散，後來它才慢慢地分裂，顏色也慢慢地淡了起來。忽然月亮强烈的光輝透過它照射下來，它漸漸地分裂，越分越小，分成魚鱗小塊，終於化爲烏有了。天空仍然像先前一樣蔚藍，月亮像一個晶瑩的玉盤樣地高高地懸着，遍地清輝。

這時我才轉憂爲喜，他的臉上也浮起一絲笑意。

他輕輕地把我抱了起來，他的吻像雨點一樣頻頻地落在我臉上，嘴上……。

爲了怕人家笑話我，天一亮我就悄悄地起床，獨個兒坐在梳粧台前梳粧。在鏡中我仔細看看自己，好像有一種陌生的感覺，這種感覺不知道是怎麼來的？越看越覺得陌生。以前我是這個樣子嗎？臉是橢圓的嗎？眉毛是彎的嗎？眼睛是像大表嫂一樣的所謂鳳眼嗎？鼻子是這麼挺直的嗎？嘴唇是半月形的嗎？耳垂上有一對漂亮的耳環嗎？兩耳是全部露在外面的嗎？頭髮是這麼平整端莊嗎？我有點懷疑，我把鏡子前後左右照照，又走在大穿衣鏡前仔細端詳一下，我看不出來我的五官部位有什麼變化？稍覺不同的是眉毛畫彎了一點，兩耳完全露在頭髮外面，耳垂上多了一對耳環，髮式也和以前不同，以前的頭髮沒有燙，比較自然隨便，但是這少許差異形成了另一種風格，使我幾乎不認識過去的我了。過去的我完全是少女風格，還帶點孩子氣，現在這種打扮裝飾完全把我變成一個大人，變成一個少婦了。

我回過頭來看看床上，床上還睡着一個人，前天我還是一個人睡的，一夜之間我的生活秩序完全改變了，我覺得有點奇怪，有點好笑，又有一種少女時代所沒有的溫馨的幸福的感覺。我心裡不再空虛，我心裡裝滿了鐵軍的愛，我的心有了寄托，這不再是夢想，而是事實了。對於這種生活上的改變，我是十分樂意的，但一想起昨夜突然烏雲掩月的變化我的心又不免一沉，老天爲什麼要開這個玩笑呢？我們決定這天結婚本來是想討個吉慶，爲什麼要這樣掃興呢？我眞希望這完全是天候的變化，與人事無關才好。也許鐵軍的話是對的：「不要相信那些迷信，應該相信我們的愛情。」不錯，我們的愛情還會發生變化嗎？鐵軍不是一片眞心嗎？他對我還不夠體貼溫存嗎？昨天以前我相信他是一個很好的愛人，今天我更相信他是一個很好的丈夫了。他會變心嗎？我相信絕對不會，他沒有一點不使我稱心如意的，難道我還會做出對不起他的事來？我相信我自己，而且我們還向父母保證過我們會「相親相愛，生死不渝。」我們這種婚姻還會有什麼問題呢？如果我們的婚姻會有問題，那人間就再也沒有美滿的婚姻了。

想來想去我實在想不出我們婚姻的破綻來。

我又悄悄地走到床前，輕輕地坐在床沿上，鐵軍睡得非常安祥，呼吸勻均得很，眼睛安靜地閉着，鼻子隆起，長方臉上泛着健康的紅潤，漂亮堅決的嘴唇自然地閉着，嘴角上還掛着一絲幸福的微笑，使我情不自禁地在那上面輕輕地一吻，接着他輕輕地翻了一個身，面部向外，他的手還向外邊摸了一下，我馬上把手遞給他，他習慣地握住了，我不動，也不作聲，默默地望着他，我想把他這種寧靜安祥的睡態永遠凝固在我的腦海。

幾分鐘之後，他微微地睜開了眼睛，他發現我坐在床沿，我的手握在他的手裡，他笑着把我攬進懷裡，又在我臉上頻頻地吻了幾下。

「妳怎麼起得這樣早？」他輕輕地問我。

「起遲了我怕別人笑話。」我羞澀地說。

他把我的臉緊緊地靠着他的臉，又輕輕地說：

「這有什麼害羞的？他們都是過來人。」他的意思是指我父親母親和林媽。

「我從來沒有經過這些事情。」我連忙把頭埋進他的懷裡，我相信我從臉上一直羞紅到耳根脖子上來了。

他把我緊緊地擁抱着，又在我身上輕輕地拍了幾下。

「現在你也應該起來。」我聽見林媽在房子裡走動的聲音，輕輕地對他說。

他在我臉上吻了一下又對我深情地一笑，這才從容地起來。

穿好衣服之後，他還站在穿衣鏡前端詳了一下，然後又回過頭來笑着問我：

「妳看我的氣色怎樣？」

「很好。」我笑着走近他。

他隨手把我攬在一起，我們並肩而立，他大約比我高了三四寸，他笑着向鏡中問我：

「妳看，我們是不是最理想的一對？」

我笑着點點頭。

他也笑着轉過身來，抱着我熱情地吻着。

林媽替我們送洗面水來，她一進門就笑着向我說：

「小姐您好。」

這本來是她經常在早晨向我請安的話，但今天我却以為她故意取笑我，我的臉上一陣熱，我竟不敢正眼看她，也不知道怎樣回答？幸好鐵軍機智，他看出了我的羞態馬上替我解圍：

「林媽您好。」

「姑爺您好。」林媽連忙接腔，又笑着退出去了。

林媽走後鐵軍笑着對我說。

「妳怎麼搞的？見了林媽都羞成這個樣子？」

我自己想想也不禁啞然失笑，我怎麼會這樣羞怯呢？

「幸好我沒有做虧心事，不然我自己會露出馬脚來。」我搭訕地說。

「等會兒見了父親可不能這個樣子？」他笑着提醒我。

「我眞不想見他們。」我覺得這眞是一個難關。

「爲什麼？」他奇怪地問。

「怪難爲情的。」現在我眞怨我當初沒有在外面租一個房子住，假如我們是在別的地方住就不會有現在這樣羞窘了。

他笑了起來，然後又輕輕地對我說：

「傻瓜，他們怎麼會笑妳？」

我也知道他們不會笑我，可是我總有些心虛，越是親人越怕見他們，假使大表哥表嫂今天來看我們，那我眞要鑽地洞了！他們那兩張利嘴我想想都害怕。

「那等會兒你走前面好了。」我紅着臉說。

「妳要不要我給妳找一塊遮頭布？」他開玩笑地說。這忽然使我想起舊式婚禮中新娘用的那塊紅色遮頭布，以前我不知道這塊布有什麼作用，現在我忽然明白它對新婚少女的重要了，但是我沒有這塊紅布，現在時代雖然進步了，可是新婚少女的心理還是很少改變的。

「我眞希望有一塊遮頭布哩。」我笑着說。

「那成什麼樣子？」他也笑着說：「妳又不是坐花轎的。」

我們正說着，林媽又送了月餅，蘋菓，瓜子這些東西進來，還有兩盌熱氣騰騰的荷包蛋，他連忙趕上前去接了過來！

「林媽，眞對不起。」

「不，姑爺，這是應該的，我眞高興有這麼一天，小姐是我帶大的，現在她也快——」我望了林媽一眼，她連忙止住，又馬上改口：「嘿！蛋是滾熱的，你們快點吃，荷包蛋是很養人的。」

「林媽眞討厭。」林媽走後我輕輕地說。

鐵軍却快樂地笑了起來：

「林媽眞有意思。」

「還有意思？也不怕別人難爲情。」我微微嘟了一下嘴。

「妳是她帶大的，還有什麼事情好忌諱的？」他笑着說。

「有些事情只能心照不宣。」我也笑着回答。

「好，以後我們也心照不宣吧。」他又笑了起來。

「別儘廢話，快洗臉吧。」我故意打岔，指着臉盆的清水說。

他馬上拿走手巾往臉盆裡一浸，手也放到水裡去了，忽然又回轉身來笑着對我說：

「來，妳先洗吧？」

「你先洗好了，何必這麼客氣呢？」

「古人說，夫婦相敬如賓，今天是第一天，怎麼能不講點禮貌？」他望着我笑，仍然不洗。

「得了，講過了就算數，你先洗吧！」我忍不住笑了起來。

洗過臉之後我們就用早點，他對林媽煮的荷包蛋讚不絕口，還說林媽很有人情味，我心裡也很高興，她雖然是女傭，可也算得上是我的長輩，她對我們這麼好，我怎麼不高興呢？

我們邊吃邊商量共度蜜月的計劃，他請了一個月的婚假，是用不着顧慮公事的。

「我們要不要出去旅行一下？」我先問他。

「這幾年來我已經跑夠了，我願安安靜靜地陪妳在家裡過一個月。」他說。

「你不覺得煩膩嗎？」我說。

「煩膩？」他望着我笑：「和妳在一起還會煩膩？」

「不怕單調嗎？」我又問他。

「單調？」他搖頭說：「一點也不單調，我覺得我們還有很多話沒有講呢？」

「昨夜不是講了很多嗎？」

「別說一夜，一輩子也講不完的。」他幽默地一笑。

「講來講去還不是幾句老話？」我笑着說。

「老話？再講一千遍也是新鮮的。」

我心裡眞有點好笑，他昨夜講了很多，講來講去總是那麼幾句，最後我實在聽不進去，直到我迷迷糊糊地睡着了他才沒有講，以後還好意思再講嗎？

「最好你能找個新的題材。」

「人類自懂得戀愛以來就只有這麼一個題材，可是這個題材萬古常新，無論是寫是講，人人都在重覆，可是後人並不因爲前人講了寫了他們就閉口停筆，他們還是要講下去寫下去，可惜我不能把我心裡的話寫下來，我只能對您講，也許講這一個月，也許講一輩子。」他滔滔地說。

「好了，好了，別長篇大論吧。」我笑着制止他：「你眞不想出去旅行嗎？」

「外面那有家裡好？」他望着我搖搖頭：「關起門來度蜜月，下下棋，看看書，談談心，眞是人生最大的賞心樂事，爲什麼要在外面瞎跑呢？」

由於他歡喜賴在家裡，我們眞的沒有出去旅行，安安靜靜地在家裡度着蜜月，兩個窗明几淨的房間就是我們的小天地，小王國。

父親母親看見我們新婚生活的愉快，他們也樂開了。尤其是母親，她整天笑口常開，常常抱着雪亮的水煙袋到我的房裡來，問這問那，還不時替我整整梳粧台上的用品，她把鐵軍不僅看作東床快婿，簡直看成自己的兒子。自然鐵軍對她也很孝順，也完全把她當作自己的母親一樣，根本不分什麼你的我的了。我們的婚姻不僅爲我們自己帶來了快樂，也替我父親母親帶來了快樂，甚至林媽也分享了這份快樂。

我們新婚後的第三天大表哥表嫂也過來玩了，他們的到來馬上使我們滿室生春，一家歡笑。本來我們也預備今天看看他們的，想不到他們竟先過來了。

「表嫂，我們已經決定今天去看您和表哥的，想不到你們倒先過來了？」我向大表嫂抱歉地說。

「喲！眞難得您這樣好的記心。」她向我俏皮地一笑：「俗話說，新人進了房，媒人扔過牆，我們還以爲您早把我們忘記了呢？」

「表嫂，您眞會寃枉人！」我微微地撅起嘴：「您這樣說那我和鐵軍馬上去拜府好不好？」

「嘿嘿！」表嫂大聲地笑了起來：「您是不是向我們下逐客令？」

「秀蘭，怎麼您們一見面就抬起槓來了?」鐵軍馬上走近她笑着說「坐，坐，坐。」

「好表嫂，別挖苦我了，坐吧。」我也笑着把她往沙發上一按，她樂得格格地笑了起來。

「鐵軍，本來我昨天就想來，但秀蘭對我說：『識趣點兒吧！他們正樂得分不開呢，我們何必去打擾?』因此拖到今天才來，你該不會怪我吧?」大表哥拖聲拖氣地說。

「祥麟，別開玩笑吧，你能恕我失禮就好了，我怎麼敢怪你呢?」鐵軍笑着說。

「呀，想不到你們夫妻兩人的嘴眞甜?」大表嫂眼睞眉毛動地一笑：「是不是這兩天吃多了糖?」

「秀蘭，您眞會開玩笑?」鐵軍又回過頭來對大表嫂笑着說。

「好，說正經話。」大表嫂馬上一臉正經地說：「你們怎樣謝媒?」

鐵軍笑着看看我：

「淑芬，您看怎麼謝?」

「表嫂，您說該怎麼謝?」我馬上轉過身來笑着問大表嫂。

「喲，你們倒推得乾淨！」大表嫂白了我們一眼：「難道我要開價錢？」

「秀蘭，您這一竹槓可不能敲得太重啊。」大表哥笑着對大表嫂說。

「哼！你還替他們心痛呢？」大表嫂故意白了大表哥一眼：「他們簡直是猶太。」

我聽了都笑了起來，大表哥和鐵軍笑得更響亮。

「秀蘭，妳別冤枉人，我幾時猶太過？」鐵軍忍住笑對大表嫂說。

「你從前倒很慷慨，」大表嫂先點點頭，隨後又轉變語氣：「可是一結婚哪人就變了！」

大表哥和鐵軍又笑了起來，我也忍不住笑，我說：

「表嫂，妳小心妳的舌頭！」

「淑芬，妳別替她躭心，她有這張利嘴，閻王還敢把她怎樣？」鐵軍笑着對我說。

我們都笑了起來，大表嫂自己也忍不住噗哧一聲笑了。

「好，閒話少講，言歸正傳，」大表哥笑着問我們：「你們不出去旅行嗎？」

「祥麟，你知道我這幾年在部隊跑夠了，難得這個機會休息一下，何必硬學時髦呢？」鐵軍說。

「你請了多久的婚假?」大表哥問他。

「一個月。」鐵軍向大表哥伸出食指說。

「這也够你們卿卿我我了。」大表哥一笑。

「淑芬還嫌少呢。」大表嫂忽然冒出這句話來。

「妳怎麼知道?」我笑着瞪了她一眼。

「我會察顏觀色。」大表嫂望了我一眼,我被她一望不自覺地臉紅起來,她看見我臉紅便調侃地說:「你看她還害羞呢。」

「表哥,你看表嫂欺侮我你也不管?」我紅着臉向大表哥抗議。

「現在是民主時代,Lady First!我做表哥的有什麼辦法呢?」大表哥在耍黃牛,大表嫂更得意地笑了起來。

「淑芬,妳別和她鬪嘴,她在學校裡是有名的王熙鳳,誰都怕她。」鐵軍替我解嘲。

「我說你別翻舊帳好不好?」她馬上轉移了目標,白了鐵軍一眼。

「好,好,好,我怕妳。」鐵軍連聲地說,又說又笑,看他那樣子大表哥和我都笑了起來。大表嫂也跟着笑了。

父親母親聽見我們在房裡快樂地笑，他們也笑着走了進來，我們連忙起立讓坐，父親笑着問我們：

「你們什麼事兒這麼好笑？」

「我說秀蘭在學校裡是有名的王熙鳳，誰都怕她，叫淑芬不要和她鬪嘴。」鐵軍笑着回答。

「不是，姑爹，他們倆口子聯合起來欺侮我，您老人家還不趕快教訓他們一頓？」大表嫂馬上抓住機會煽動地說。

「他們兩個，你們也是兩個，二對二，我想你們決不會吃虧，祥麟，你說是嗎？」父親笑着說。

大表哥和我們都笑了起來，大表嫂却故意嘟着嘴巴說：

「姑爹偏心，祖護他們。」

父親聽了也笑了起來，還笑着對大表嫂說：

「你們大，他們小，妳讓讓他們好了。」

大表嫂也被父親說得笑了。

「姑爹，剛才我要他們謝媒，他們死皮賴臉地賴帳，您老人家看怎麼辦？」大表嫂又笑着問父親。

「嘿嘿！妳眞厲害，這一竹槓又敲到姑爹身上來了？」大表哥指着大表嫂笑着說。

「你這個東西！當着姑爹的面做好人，剛才你在路上還對我說，今天要好好地敲一竹槓，怎麼現在就變卦了？」大表嫂指着大表哥笑罵。

我們的肚子都笑痛了，母親更是笑得前仰後合，眼淚都笑出來了。

「我是叫妳敲鐵軍淑芬，又沒叫妳敲姑爹姑媽，妳怎麼可以亂來？」大表哥笑着辯駁。

我們又哄笑起來，我笑得伸不直腰，母親笑得上氣不接下氣。

「好好，你們住嘴　，別笑壞了人，今天由我請客。」父親忍住笑對大表嫂說。

「姑爹，我說您老人家別再管他們的事兒，我一定要他們請，要不是我，他們那會有今天這樣鰈鰈鶼鶼？」大表嫂不甘心地說。

「秀蘭，我說今天由我兩老請，明年由他們請你們吃紅蛋好了。」母親揷進來說。

大表哥表嫂都樂意地笑了。我却被媽的話羞紅了臉，我眞奇怪她爲什麼老是惦記着抱外甥呢？

「妳希望有個孩子嗎？」我們婚後第十天的夜晚，鐵軍輕輕地問我。

「不知道。」我羞澀地把他推開，我覺得這是一件很難爲情的事，假如一個女人沒有孩子誰也不知道她結過婚？如果一旦懷了孕，那個大肚皮就無異是個商標，等於向大家宣佈，她已經做了不可告人的事。

「別孩子氣！」他笑着說：「我們已經結婚。」

「結婚歸結婚，爲什麼要談孩子的事情？」我紅着臉說。

「這是最自然的事情，怎麼不可以談呢？」他笑着回答。

「爲什麼要談呢？你不是講過以後我們也心照不宣嗎？」我反問他，我記得他曾經說過這樣的話。

「那我豈不要變成啞吧了？」他不禁失笑。

「何必談這些事呢？談別的話不好嗎？」我說。

「因爲我很關心這些事。」他把臉靠着我的臉說。

「你急什麼?」我也不禁失笑。

「我希望做父親。」

「你又沒有四十五十。」

「心理是一樣的，不過我是獨子，我不知道我能不能多生幾個孩子?」

「你要記住我們是剛結婚。」我望着他說。

「所以我有點好奇。」他天眞地一笑。

「聽上帝的安排吧。」我輕輕地說，我認爲這是宇宙間最不可思議的事情，有的人一輩子不生，有的人專生男孩，有的人專生女孩，有的人生男又育女，而且瓜瓞綿綿。我不知道我們是否會受遺傳的影響?我究竟會不會生育?我實在沒有考慮過，對於生孩子這件事我並不太急，假如明年就生孩子他和父親母親自然非常高興，假如一年兩年不生我也不認爲這是什麼了不起的事情，我以爲這件事情不能完全由我們決定，只有上帝才知道這些事情。

「上帝才不管我們的閒事。」他傻氣地說，我也被他逗笑了。

「你是眞想孩子?」我笑着問他。

他點點頭。

「男的?女的?」我又問。

「那倒不一定。」

「假如我不生呢?」我想試探他一下，有些男人就用這個理由納妾，或在外面胡搞，因此破壞了幸福的婚姻。

「那就只好請教醫生了。」他沉重地說。

「你去?我去?」我兩眼望着他說。

「我們兩人都去。」他把我輕輕一攬。

他這話使我很高興，這證明他不是一個獨斷的人，因此我笑着對他說：

「不會的，我想不會的。」

「妳有什麼把握呢?」他奇怪地望着我。

「我們的愛情。」我輕輕地說。

他在我臉上重重地一吻。

第十三章

不孝有三無後爲大　請假期滿盼加薪

鐵軍一個月婚假很快就滿期了。在這一個月中間時間好像過得特別快，我眞不知道地球是以怎樣的速度在轉動的？不知不覺間二十四小時就溜走了，整整一個月也悄悄地溜走了。

平常他在連上辦公，在連上住宿，只有星期六晚上住在家裡，星期天可以在家休息，因此我們特別重視週末和星期天，似乎七天中有六天的時間過得特別慢，只有一天過得特別快。

在我們婚後第三個月，有一天我忽然覺得身體有點不舒服，食慾不振，口裡淡得出水，只想吃酸的，時常作嘔，起先我還以爲是偶爾着了一點涼，躺躺就會好的，誰知道一連兩三天都是這樣，我心裡很奇怪，但又不敢講，在母親和林媽面前還故意打起精神，裝得和平常一樣，我準備等鐵軍回來先告訴他，如果確定是懷孕，再讓他向他們透露。

好不容易挨到星期六的晚上，他終於回來了，他看見我躺在床上精神不振，面孔發黃，以爲我是生了病，他愼重地走近床邊，先吻了我一下，然後又用手摸摸我的額角，輕輕地問：

「怎麼這樣精神不振？是不是生了病？」

「我也不知道是不是生病？」我漫聲答應。

「奇怪？頭上並不發燒。」

「就是不想吃東西，想睡覺，還想嘔吐。」

他馬上放心了，而且笑容滿面地說：

「不是生病。」

「你又不是醫生，怎麼知道不是生病？」

「雖然我不是醫生，可是我是父親。」

「你能確定嗎？」我笑着問他。

「這決不會假，妳也應該清楚。」他輕輕地對我說。

我算算我們結婚的日期，又想想其他有關的事情，和自己看過的幾本有關孕婦的書籍，我也不能不承認是懷孕了。

「對嗎？」他看見我不作聲又問了一句。

我點點頭。

於是他熱烈地擁抱我，吻我。

「啊！我眞高興，我已經是準父親。」他喃喃地說，然後又輕輕地問我：「他們知不知道？」

「我不好意思告訴他們。」我說。

「這樣的喜訊爲什麼不早點讓他們知道？」他說：「明天我先對林媽講。」

「隨你吧。」我知道這件事瞞不住人，我只好讓他告訴他們，這比我自己講總好多了。

「可惜不知道是男是女？」

「不管是男是女他們都會高興的。」我想母親那麼渴望外甥的心情，不管是男是女她一定會高興。父親嘴裡雖然沒有什麼表示，可是他那種空虛的心情是看得出來的，他對我們這樣慈愛也就是因爲膝下太空虛了，家庭裡太寂寞了的緣故。

「這也算是盡了我們一點孝心。」他笑着說。

父親母親知道我懷了孕非常快活，母親馬上跑到我房裏來問長問短，並教導我一些婦科常識，還特別叮囑林媽每天弄點可口的富有營養的東西給我吃，沒有錢向她要，林媽自然點頭稱是。其實林媽的快樂也不減於母親，母親一走她就笑着對我說：

「小姐，我早說了妳快要——」她說到這兒忽然把話縮住，只望着我笑，生怕我又阻止她。

「林媽，現在還早呢。」我也笑着搭訕一句。

「小姐，只要有了就快了，頂多還有八九個月就有紅蛋吃的。」她快活地說，口齒也玲俐起來。

「林媽，謝謝妳，以後還得請妳多費神呢。」鐵軍很客氣地對林媽說。

「姑爺，您說那兒的話，這是我份內的事情，怎麼能不操心呢？」

「淑芬是妳帶大的，將來孩子又要麻煩妳了。」

「我自己的命不好，能叨您們一點兒福氣那還有什麼話說？」

林媽二十五歲就死了丈夫，沒有生男育女，因為窮，就到我家作傭工，一躭下來就不想走，也沒有再嫁，這樣一直躭了二十年，看着我長大，看着我結婚，看着我懷孕，現在她也好像得到一點安慰似的，加上鐵軍對她很客氣，她眞是打從心底樂起了。但她的禮數大，很有分寸，她總把自己看作傭人，決不僭位越分。

「林媽，快別這樣說了，妳這樣說我們可消受不了。」我笑着對她說。

「小姐，您實在命好，妳小時候我就抱着妳在觀音菩薩面前替您祈禱，希望您長大了能嫁一個好姑爺，這樣我也有光彩。喏，喏，喏，現在果然不差，而且又有孩子了，您看，這點兒福氣我可是叨着了？」她嘮嘮叨叨地說。

「林媽，我們一家人，妳別再客氣了，以後我又要增加妳的麻煩，實在過意不去。」我笑着說。

「小姐，您和姑爺這麼好，就是賣老命我也心甘情願的，別說這點芝蔴綠豆的小事兒。」她說着笑着走出去了。

「那就謝謝妳了，林媽。」鐵軍也笑着把她送出去，然後走過來感慨地對我說：「假如不是林媽，我眞請不起傭人來服侍妳了。」

「在家裏就是這點兒方便，一切都不用我們操心。」我說，現在我才知道父母對我的恩惠了。

「可是我眞有點慚愧。」他望着我說，他覺得他的待遇很微薄，婚後的家庭生活一直沒有負擔起來。

「父親母親決不會計較這些，你安心工作好了。」我安慰他，我的家境雖不十分富裕，但負擔我們的生活是不成問題的，我父親一向疏財仗義，對自己的女兒女婿那還有話說？假如他看重金錢就決不會同意我們的婚姻的。

「雖然他們不計較，可是我心裡總過意不去。」

「他們只有我這一個女兒，也只有你這一個女婿，還用得着分什麼彼此？」

他在我臉上輕輕地一吻，面容有點慘淡，我連忙對他說：

「你不是希望有個孩子嗎？怎麼現在有了消息你反而不快樂呢？」

「我想我們軍人也應該加點薪餉了。」

他向我勉强做出了一個微笑。

第十四章 天倫樂東床如子 骨肉親表嫂開心

鐵軍很重視自己的責任，他還是每個星期六的晚上回來，有時在星期三也偶然回來一次，我們對於這一星期兩天的聚會非常珍惜，他對於我的體貼恩愛眞是無微不至，我不知道別的夫妻情形如何？但我們的婚姻是太美滿了，他的愛使我的生活充實，思想充實，除了他以外我簡直很少想到其他的問題，很少想到其他的事物。

日子就在這種醇酒似的氣氛中很快地溜過去了，我的肚皮也一天天地大了起來，因此我更少出門，更怕遇見熟人，尤其是那些老同學，見了她們我彷彿做了什麼虧心事似的有點不安。

母親看見我的肚皮一天天大起來更是時刻關心，一點重的東西也不讓我拿，下一個石級也要扶着我，生怕我跌倒，三兩天就要林媽殺隻鷄給我吃，鷄蛋，猪肝，更是經常不離，林媽簡直變成了我的影子，除了洗衣弄飯她就不離我的左右，甚至頭髮也是她梳。

產前一個月，鐵軍曾經陪我到一家私人產科醫院去檢查了一下，醫生說血壓胎位都很正常，還囑咐我不必吃得太好，以免嬰兒過大，增加生產的困難，臨走時她還問我將來生產時是住院還是在家裡生？她說可以隨便我們決定，醫院裡隨時都有床，要在家裡生也可以隨時派人接生，鐵軍說這要臨時決定，假如時間充裕就住醫院，不然就請她派人到家裡接生，她完全同意。

經過檢查之後，一家人都很放心，不過鐵軍在這期間回家較勤，他常常抽空回家來探望我一下，在我身邊坐二三十分鐘才走，走時一定給我一個親吻。

一個星期天的晚上，鐵軍回來不久，我忽然覺得肚子有點痛，我馬上告訴他，他輕輕地問我：

「是不是要生了？」

「還不能確定？」我說，我覺得肚子並不很痛，而且現在好像又好了，說不定是多吃了一個鷄蛋的緣故。

「妳算過日期沒有？」他又問我。

「大約就在最近幾天。」依我推算大概不會超出一個禮拜。

「那我們得隨時小心。」

「希望生產的時候你在身邊。」我說，好像他在身邊我的胆子大些。

「我也希望如此。」他握着我的手說。

「不知道到底是男是女？」我忽然有一種好奇的心理，我摸摸突出的肚皮，仍然捉摸不定，因爲我完全沒有生產的經驗。

「不管這些，反正是我們的孩子。」他向我[illegible]笑。

這時我又覺得一陣痛，他看見我的臉色不對，馬上扶着我躺在床上，然後出去把這情形告訴我母親。

我母親斷定這是產前的陣痛，於是大家一陣興奮，一陣忙亂，母親主張在家裏生產好就近照顧，父親主張進醫院，他說在醫院生產比較安全，最後大家一致通過進醫院。

一會兒醫院的車子就來了，鐵軍和母親扶着我上車，林媽提着應用的東西，我們四個人一道去醫院，只留父親一個人在家裏。

車到醫院之後我就被送進產房，鐵軍留在外面辦理住院手續，一進產房我心裡就很害怕，彷彿進了屠宰場一樣，檯子上擺了一大盤刀子剪子之類的手術用具，都是雪亮閃光的，幸好母親和林媽都在我身邊，不然我會更加胆怯。

經過無數次的陣痛，和五六小時的時間，我終於在一種暈迷狀態中平安生產了，事後母親告訴我說是一個男孩，她和林媽都笑容可掬，我也感覺到一陣輕鬆一陣興奮。

「鐵軍呢？」我看看鐵軍不在身邊，我有點奇怪。

「他在外面。」母親說。

「您告訴他沒有?」我問母親，我知道鐵軍更關心這件事情。

「告訴他了。」母親點點頭。

「他怎麼不進來?」我感到有點空虛，他怎麼不進來看看我呢?

「他是男人，護士小姐不准他進來。」母親笑着說。

我聽了有點好笑，這孩子不也是男的嗎?再過二十年還不是和他爸爸一樣?

「星期之後我抱着麟兒出院了。

這天我們家裏眞是喜氣洋溢，母親笑得合不攏嘴，父親也捋着那漂亮瀟洒的八字鬍微笑，林媽忙得團團轉，大表哥和表嫂更是笑話連篇，鐵軍和我的高興那是不必說了。

「姑媽，恭喜您做外婆了。」大表嫂抱着麟兒笑着對母親說。

「秀蘭，我早說了今年要請妳吃紅蛋的。」母親在麟兒臉上親了一下說。

「姑媽，您請秀蘭不請我嗎?」大表哥笑着問。

「當然要請哪!還能忘記你這個大媒人?」母親也笑着說。

「姑媽，您看這孩子像誰？」大表嫂指着我和鐵軍說。

「嗯嗯，有點像他爸爸。」母親端詳了一下之後指着鐵軍說。

「豈止有點像？簡直是一個模子倒出來的。」大表嫂加重語氣說，同時把他們父子兩人的五官一一批評比較。

「當然像鐵軍，不像鐵軍難道還像別人不成？」大表哥大聲大氣地說。

他的話把大家都逗得哄笑起來，大表嫂笑過之後又罵他：

「你這成什麼話？」

「我這是眞話。」大表哥向她滑稽地一笑。

「可不是這麼說法！」大表嫂白了大表哥一眼。「你眞是一嘴的豆渣。」

「鐵軍淑芬都不是外人，還講什麼外交詞令？」大表哥笑着望望她又看看我們：「鐵軍，淑芬，你們說對嗎？」

鐵軍只是靦笑，我却故意頂他一下。

「表哥，要是別人這樣說我可不答應他啦。」

「嗨！我就知道妳不會怪大表哥的。」他向我靦笑：「妳感謝我都來不及，是嗎？

」

「好厚的臉皮！」

我們都笑了起來。

「我無功不受祿，唯有他們這件事兒我可要表表功，不然那媒人還有什麼意思？」大表哥連忙解釋。

「表哥，省得你老在我們面前邀功，我把麟兒送給你好了。」我開玩笑地說。

「妳倒大方，恐怕鐵軍不會同意吧？」大表哥故意試試鐵軍一下。

「我什麼都可以送人，就是這個寶貝兒子一定要跟我姓。」鐵軍笑着說，態度卻蠻認真。

「淑芬，妳聽見沒有？鐵軍把他當個寶貝呢！」大表哥笑着說。

「好，你的寶貝兒子你拿去吧，我才不高興要呢！」大表嫂故意裝出生氣的樣子把麟兒往鐵軍懷中一塞，鐵軍笑着接過來，在孩子臉上吻了一下。

「你們看他那得意忘形的樣子？」大表哥笑了起來。

我和母親也高興地笑了，大表嫂卻用食指在臉上一劃：

「也不害臊？」

「我才不害臊咧，孩子也不是偷來的。」鐵軍說着又在孩子的臉上吻了一下。

「來，讓外婆親親吧。」母親向鐵軍伸出手來。

鐵軍馬上把孩子遞給母親，她接過之後也在孩子臉上一吻。

「你們這樣吻來吻去，他的小臉可受不了啦。」大表嫂站在旁邊說。

母親向大表嫂一笑，又望着孩子說：

「我這小心肝眞漂亮。」

「哼！許鐵軍的兒子還會醜得了？」大表嫂眼睞眉毛動地說。

「秀蘭，妳何必挖苦我呢？」鐵軍望着她笑。

「丈母娘看女婿，越看越有趣，你問姑媽好了。」大表嫂把嘴向母親一呶，大家都笑了起來，母親更樂得大笑。

「秀蘭，妳眞是一張利嘴，連我都怕了妳。」母親忍住笑說。

「姑媽，恭喜您添了外甥，我不過是給您老人家湊個興兒。」大表嫂很恭順地說。

「我要是有妳這個媳婦兒呀，那我眞要樂得睡不着覺了。」母親指着她眉開眼笑地說。

「姑媽，我說您眞偏心，您壓根兒沒有把我當作自己的媳婦兒看待。」大表嫂立刻俐落地頂了上來。

「哎喲！妳這丫頭說話眞不要本錢，傷人不見血，姑媽那一點虧待了妳？」母親笑着連忙分辯。

「姑媽，妳老人家海量，剛才我不過是說着玩兒的。」大表嫂笑着伏在母親的肩上陪不是。

「秀蘭，妳眞打得死，救得活，王熙鳳也抵不上妳。」鐵軍笑着說。

「你少管閒事，我可沒有惹你。」她馬上白了鐵軍一眼。

鐵軍只好笑着向她連忙拱手：

「好，我怕妳，我怕妳。」

我們都好笑，大表哥更得意地笑了起來。

「祥麟，我眞佩服你。」鐵軍向大表哥豎起大姆指。

「他們是半斤八兩。」我說，

「你們也是八兩半斤。」大表嫂連忙回嘴。

我們正聊得起勁，林媽却來請我們吃飯了。

今天這頓飯菜相當豐盛，有清燉雞，烤鴨，回鍋肉，炒雞雜，炒猪肝，肚片湯等等，而且完全是家庭口味，比舘子裡的好得多。

首席讓給大表哥表嫂坐，他們都不敢坐，一定要父親母親坐，我笑着對他們說：

「今天我誠心謝媒，你們又不敢領情，以後我可不請了。」

「姑爹姑媽在這兒那有我們坐的份兒？」大表哥尷尬地說。

「今天是淑芬出院，隨便弄了幾樣菜，你們隨便坐好了，麟兒滿月的時候我還要請你們來熱鬧一下。」父親慈祥地說。

「姑爹，我們這是托您的福，可不領他們的情囉。」大表哥又賴皮地說。

「那是你們的事兒，我看你們的賬永遠也算不清。」父親笑着說，我們也笑了。

大表哥表嫂最後還是坐了首席，父親母親坐在下面，我和鐵軍坐在兩對面，麟兒抱在我的身邊。

這頓飯吃得很有意思，大家有說有笑，父親望着我們和麟兒滿心高興，麟兒這個乳名也是他取的。

飯後大表哥表嫂還在我房裡坐了很久，天南地北地聊了半天，然後盡歡而散。

他們走後就只剩我們兩個大人，鐵軍在我手上吻吻孩子又吻吻我，十分高興地說：

「嗨，我終於做了父親。」

第十四章 婚姻美滿閨中樂 鶼鰈情深府上歡

鐵軍非常喜愛麟兒，現在是三天兩天就要回來一趟，一回來就抱着孩子捨不得放手，由於他太喜愛麟兒，因此對我也就格外恩愛，我們的愛情不僅未因孩子的誕生而冷淡，反而因爲麟兒的關係而格外濃烈深沉。

孩子滿月這天我家裡又熱鬧一番，親戚朋友們都來了，我的房間裡堆滿了禮物，院子裡到處是雞，這眞夠我吃兩個月的。

我未結婚以前，家裡是冷清清的，結婚以後雖然增加了快樂的氣氛，可是並不熱鬧，自從麟兒出世以後情形就完全改變了，他會張着小嘴哇哇地哭，現在大了一點就更囉嗦，可是一家人沒有誰嫌他吵，母親看見他哭都是笑，她以前閒着沒有事做，現在就手脚不停留，爲了麟兒忙得團團轉，孩子換尿布這些事情她都不讓我做，她說我沒有經驗。我除了喂奶以外一切瑣事都由她包辦，林媽她也不放心。鐵軍和她也是一個樣子，一回來就把上衣脫掉，抱着孩子咿咿啊啊起來，恨不得自己喂奶，我倒反而落得個清閒自在。

正因爲我用不着自己操心，加上產後的營養很好，我的身體很快地就恢復健康，而且比以前還白還胖，我有着做妻子和做母親的雙重快樂。

「芬，妳現在比從前更漂亮了。」一天我坐在燈光下喂奶，他忽然這樣對我說。

「別胡扯吧。」我馬上把頭低下看孩子，我被他說得有點不好意思。

「一點也不胡扯，這是我的感覺。」他笑着說，眼睛一直望着我。

「你的感覺不一定正確。」我望了他一眼，他倒坐在椅子上樣子很悠閒。

「我相信我的感覺。」他向我笑笑說

「那太主觀。」我批駁他。

「主觀也並不是壞事。」

「人家說情人眼裡出西施，這不就是主觀的毛病嗎？」

「不如說這是主觀的好處。」

「還是客觀一點好。」我强調說。

「還是主觀一點好。」他接着說。

我們不禁相視而笑。

「假如妳完全客觀看我，我就不是一個完人。」他坦白地說。

「我並沒有說你是一個完人。」我笑着說。

「那妳爲什麼愛我呢？」他笑着問我。

「我是愛一個男人，不是愛一個完人。」我笑着回答。

「妳這種愛就是主觀，不是客觀。」他站起來說。

我一時不能自圓其說，不禁啞然失笑。

「妳應該承認妳的理論失敗了。」他向我得意地笑着。

我無話可說，只好點點頭。

「那麼妳承認妳比以前更美了？」他兩眼灼灼地望着我。

「我並沒有向自己臉上貼金。」我堅決地否認。

「我說妳比以前更美，妳已經承認我的主觀看法對，這不是承認還有什麼別的解釋？」

「你從那兒學來的這套演繹法？」我笑着問他。

「自己發明的。」他不禁噗哧一笑。

「油嘴，臉皮眞厚。」我笑着白了他一眼。

他笑着在我臉上吻了一下，又把孩子抱了過去。

「你看麟兒的臉皮好嫩？」他用鼻尖擦着孩子的臉蛋說。

「長大了還不是和你一樣？」我笑着說。

「不和我一樣還會有女孩子愛他？」他望着我笑。

「我希望他成爲一個完人，並不希望他作一個普通的男人。」我說。

「那很危險。」

「那會受人普遍尊敬。」

「就是會打單身。」

「孔夫子也有太太，完人怎麼會打單身？」

「孔夫子並不承認他是一個完人。」

「孔夫子不是完人還有誰是完人?」我大聲問他。

「這世界根本就沒有一個完人。」他一口否定。

「照你這樣說每一個人都有缺點?」

「當然！沒有缺點的人可敬而不可愛，因此神不結婚，聖女不嫁人。」

「你胡說。」我笑着罵他。

「一點不胡說，因為神沒有人性，聖女是超人，他們六根清淨，不像我們普通人有七情六慾，要娶太太，要生兒子。」

我被他這番妙論說得笑了起來。

「所以我不希望我的兒子是完人，是超人，我只希望他是一個普通的人，和我一樣，結婚生兒子。」他接着下了這個結論。

「你就只知道這兩件事情。」我白了他一眼。

「這就因為我是一個普通人，我有感情，我有人性，因此我愛老婆，也愛兒子。」

他津津有味地說着。

「你看你說得多難聽?」我第一次聽見他說老婆兩個字很不習慣。

「難聽？」他奇怪地望着我說：「這是人類最眞實的感情。」

「得了，你不說我也知道。」我向他擺擺手。

「那妳還希不希望我們的兒子像我一樣作一個普通的男人？」他盯着我問。

「好，像你，像你這個寶貝父親。」我無可奈何地笑着。

「這就沒有離譜。」他向我點點頭，又在麟兒的臉上吻了一下。

大概這一下吻重了一點，孩子馬上哭了起來。

「你看你的鬍鬚？」我指着他的鬍鬚椿子說，他沒有把它刮乾淨。

「這孩子的臉皮眞嫩。」他說着說着竟自笑了起來。

「要像你這樣厚起碼還得二十年哩。」我忍住笑說。

第十五章

關中人提心吊膽
沂蒙山慘霧愁雲

我們平靜幸福的生活忽然起了一陣波瀾，鐵軍的部隊奉命出發作戰了。

部隊開拔前他抽空回來了一趟，這一突然而來的消息使我深感不安，我問他什麼時候回來他只搖搖頭說不知道，他囑咐我好好地保養自己，照顧孩子，孝順父母，不到十分鐘就匆匆地走了。當時我完全楞住了，我想多留他在家就一分鐘都不可能，我這才恍然於作一個軍人的妻子是怎樣的不容易？她應該忍受多少生離死別的痛苦？

他走後我有好幾天都睡不着覺，我常常突然從夢中驚醒，不是夢見他負傷，就是夢見他戰死，醒來之後只好伏在枕上痛哭，萬一他此次出發作戰有什麼不幸的遭遇，那以後又怎麼過日子？年紀輕輕地就作寡婦還帶着一個幾個月的孩子那種凄淸的情況我簡直不敢想像，一想到那不幸的遭遇我全身就會顫慄，爲了我和孩子今後的幸福，我只有祈禱上蒼讓他平安歸來。

父親母親也因爲鐵軍突然出發而心情沉鬱，尤其是母親，一看見我和孩子就想哭，林媽心裡也不快活，我們一家人都陷在一種憂鬱不安的氣氛中。

幸好父親比較達觀，他認爲鐵軍不是第一次上火線，過去一向平安，這次也不見得會有什麼危險，他自己的心情雖然不好，但他還是時常安慰我們，勸導我們。

鐵軍走後一直沒有消息，我們也無從打聽他的行止，我們唯一的辦法只有看報，以前我對於時事不太關心，現在每天第一件事就是看報，尤其注意戰爭消息，注意每一個部隊的消息。

報紙充滿了戰爭與和平的矛盾，双方都在高唱和平，可是處處都有戰爭，一面在談，一面在打，報紙上的大標題經常是標着這樣的大字：「談談打打，打打談談，」究竟是和是戰？眞使人捉摸不定。在這和戰之間某些地區的戰爭消息可也相當刺激，而且死傷重大，如蘇北之戰，沂蒙山區之戰，完全是一種拉鋸戰爭，而双方動員的兵力不下數十萬，打來打去，勝負難分，東北戰爭的激烈更是驚人。

北平，保定，滄縣地區的戰爭規模雖不太大，但却影響平津的安全，報紙上又沒有確實的消息，往往今天收復的地方明天又丟了，國軍來，八路走，國軍走，八路來，好像捉迷藏似的，國軍雖然很想找八路的主力作一次決戰，但是找來找去總捉不住，在這一方面始終沒有什麼輝煌的戰績，有的僅是零星的斬獲，双方都沒有頂大的傷亡。

和戰大局在報紙上看不出什麼眉目，越看越令人徬徨，鐵軍的行止自然也無法在報紙上找到，他仍然像霧樣的迷濛。

一個月之後，他突然平安回來了，這使我們一家人都喜出望外，我更是喜極而泣。

「你該沒有受傷吧？」我就心地問他。

「沒有。」他笑着搖搖頭。

「打得怎樣？」我想探聽一點前方眞實的情況。

「弟兄們死傷了一大半。」他感傷地說。

「那你們不是吃了敗仗?」

「也不盡然，八路比我們死傷得更多。」

「那他們爲什麼不垮?」

「沒有這麼簡單。」他深沉地搖搖頭。

「照你這樣說，這個仗不是很難打嗎?」

「一點也不簡單。」他率直地承認，隨後又補充一句:「而且還有一個最大的問題。」

「什麼問題?」我連忙問。

「士氣。」他簡單地說出這兩個字。

「他們不願打嗎?」

「也不是不願打，而是他們不知道究竟爲誰打?」

我不是軍人，我不懂軍事，但我有一種直覺，我覺得這種戰爭不僅不好打，簡直不能打。國軍是處於大不利的地位。

「你的部隊犧牲這麼大怎麼辦？」

「下來補充。」

「那應該有段時間休息了？」

「說不定。」

「新兵總不能拉上去打呀？」

「那要看時局的變化。」

時局，時局，我眞希望這種談談打打，打打談談的局面不要再壞下去，如果再壞下去那眞不堪設想了。

「依你看呢。」

「大概總有三兩個月的休息吧？」

這下我可放心一些了，最少在這兩三個月內他是不會再上前線的。

「這次你眞沒有遇到危險嗎？」我有點不相信他竟會這樣平平安安的回來，連上的弟兄死傷那麼多，他怎能安然無恙呢？

「誰說沒有遇到危險？」他反問我一句。

「那你怎麼能這樣平安回來呢?」

「妳還記得我的『金不換』嗎?」他忽然提醒我一句。

「怎麼不記得?」我說:「那匹火紅色的赤兎馬我怎麼會忘記?」

「牠死了!」他沉痛地說。

「怎麼死的?」

「砲彈打死的。」

「唉,眞可惜。」

「要是牠還活着那我可回不來了。」

「牠救了你?」

「嗯,牠作了我的替身。」

我眞感謝那匹好馬,我深深地吐了一口氣。

「那你以後怎麼辦呢?」我覺得他失去了那匹好馬,就等於失去了一層保障。

「以後得完全靠我自己。」他深沉地說。

「你能不能調個工作?」我希望他不再帶兵,我實在受不了這種精神威脅,我覺得他隨時都有危險。

「一當軍人就不能自由選擇，我不帶兵這時誰又願意帶兵？」他望着我說。

「你能不能下來？」我又試探他一下，他要是肯下來倒不愁沒有工作的。

「我不願意作逃兵。」他答覆得非常堅定。

「你這樣叫我怎麼放得下心？」我縐緊眉頭說。

「慢慢地就會習慣的。」他安慰我說死生有命，要死坐在家裡也會死的。

「你把死看得這樣平淡？」在這以前我從來沒有想到過死，我把死看得很嚴重，想不到他毫無所謂。

「我是軍人，我總不能哭。」

「我可不是軍人，你不哭我可要哭。」說着說着我眞的哭起來了。

「別哭，別哭，」他輕輕地拍着我說：「你是軍人的妻子，妳要慢慢地習慣這種生活。」

「你要我天天提心吊胆？」我含着眼淚問他。

「習慣了就不會這樣緊張。」

「無論怎樣我也輕鬆不起來。」這一個多月的生活眞够我受的，我怎麼輕鬆得起來呢？

「別把人急壞了，以後的日子還長呢。」他輕輕地拍着我說。

想起以後的日子我又不禁流淚，假如他一旦發生意外，我眞不知道怎樣是好了？

「妳怎麼又哭呢？我回來了妳還不應該高興嗎？」他把我的頭輕輕地托起來，溫存地笑着說。

我倒在他的懷裡，我希望他永遠不要離開。

我們又恢復了一個月以前幸福寧靜的生活。

他每星期三星期六都回家住宿，因爲他曾經一度離開我投入危險的戰爭，所以我對他有一種失而復得的心情，他對我也有一種新的情感，這種情感比新婚時更濃郁深沉。

我們的愛情與日俱進，麟兒也一天天大了起來，他已經會笑會爬了，而且在牙牙學語，他爸爸回來了只要向他雙手一伸，他的兩手就像小鳥拍着翅膀似的拍個不停，張開小嘴哦哦嗯嗯地笑着，直把他爸爸樂得眉開眼笑。

他每次回來時總要帶點小玩意給麟兒玩，帶點可口的東西給我吃，對於父親母親的孝敬他也不會忽略。

麟兒週歲這天除了在家裡開了兩桌酒席慶祝之外，親戚朋友們還送了很多禮物，他自己更特地選購了一部漂亮的小馬車送給麟兒坐騎，麟兒高興得直蹦直跳，他却逗着麟兒說：

「叫爸爸，快叫爸爸。」

麟兒在這之前還不會叫爸爸，叫媽媽也是連續地「媽媽媽媽……」叫得不大清楚，今天他非常高興，我乘着他想要馬車的急切心情教他叫爸爸，起先他只張着小嘴向我笑，看看我，看看他爸爸，又看看小馬車，手舞足蹈，後來他忽然喃喃起來：「爸爸爸爸……」地叫個不停，鐵軍樂得把他高擧在半空，又連續地在他臉上親了幾個吻，笑着對他說：「這才是我的好兒子。」然後又把他放在小馬車裡用手推着在房子裡團團轉，孩子樂得格格地笑，他也笑得合不攏嘴，我看見他們父子兩人大樂，我也笑着說：

「這眞是有其父必有其子。」

「假如沒有妳，我那會有這麼一個好兒子。」他向我一笑，自然我也樂開了，我們是骨肉相連，三位一體的。

在部隊裡弟兄們是他的生活中心，在家裡我和孩子是他的生活中心，他是一個充滿愛心的人，他一天不離開我我就有一天的快樂。

第十六章 閨中少婦憂心熾 堂上尊親老氣橫

可是這快樂溫馨的生活終於粉碎了！

他又奉到出發的命令，增援沂蒙山區。

最近國軍在幾個主戰場都打得不好，東北戰事失利，沂蒙山區也很危急，他的部隊這次去增援是不得已的。

他知道這一去是一個嚴重的關頭，不知道自己前途吉凶如何？我們又隔得這麼遙遠，什麼時候才能相會那就很難說了！因此他的心情也比第一次出發時沉重得多。

我一聽到這個消息人就發楞，我彷彿失魂落魄似的六神無主，我只知道我在流淚，我的心在隱隱作痛。

因爲他知道這次是遠離久別，所以他事先把任務分配之後就回家來，這是我們僅有的十幾小時的相聚時間。

父親母親的心情自然也極沉痛，但爲了他的出征遠行，還特別叮囑林媽弄了好幾樣豐盛可口的菜肴作爲餞別。

晚餐雖然非常豐盛，但是大家的口胃都很差，席間他和父親談了不少話，他對於自己沒有負起家庭的責任特別向父親表示歉意。

「這你不必介意，國家這麼亂糟糟的，軍人待遇這麼低微，你那有力量來贍家養口？」父親慈愛地對他說。

「我很慚愧。」他低下頭來裝作扒飯的樣子。

「好在我承祖先的餘蔭，還負得起這個責任。」父親安慰他。

「眞想不到又要打仗，早知如此我就不敢結婚。」他感慨地說。

「勝利之初誰又想得到國家會鬧成這個樣子？」父親受夠了日本人的氣，他滿心希望自己的國家强盛起來，看看現在這種局面他是比任何人都傷心的。

「我眞想不到打走了日本人[redacted]又要鬧？」鐵軍搖頭嘆氣。

「這自然更苦了你們軍人。」父親同情地看了他一眼。

「打仗是我們軍人的本份，但是我希望[redacted]，要和就早點和，要打就痛痛快快地打，這樣談談打打，打打談談實在使我們軍人爲難。」他接着說出了他的顧慮和[redacted]站在一種怎樣不利的地位？

「這問題不簡單，總之是[redacted]國多難。」父親含蓄地說，他把他的感慨埋在心裡。

「照您的看法中國還有沒有救？」他兩眼望着父親。

「和比戰難。」父親嘆了一口氣。

「不又要打得稀爛？」他馬上把盌筷放下了來。

「所以我說中國多難！我們這一輩子是完了，完了！」父親也放下了盌筷，隨後又鼓勵鐵軍：「[redacted]國的命運就掌握在你們靑年手裡，你們不能放棄責任。」

「我連家庭的責任都沒有負擔起來。」他抱歉地說。

「你有更大的責任，[redacted]的事你放心好了。」父親指着我和麟兒對鐵軍說，他隨即站了起來，於是我們結束了這頓豐盛而不愉快的晚餐。

我們回到房裡之後，心情仍然沉重，他躺在沙發上不聲不響，我抱着麟兒也在納悶，倒是孩子天真，他什麼也不知道，他根本不瞭解這是他們父子生離死別的重要關頭，他老是在我身上蹦蹦跳跳嘻嘻哈哈。

「麟兒，爸爸抱。」他看見孩子嘻嘻哈哈不禁伸出手來。孩子看見他伸手也笑着撲着要他抱。

「你什麼都不懂，你可知道爸爸要去打仗？」他抱過孩子之後微笑地對他說。孩子望着他嘻嘻哈哈地笑。

「假如我有三個月不回來他就不會認識我了。」他掉過頭來對我說，樣子有點感傷。

「我會告訴他的。」我安慰他說。

「假如沒有這孩子我走後妳會更寂寞的。」他憐愛地望着我們。

「看見他我就會想起你。」我也望了他一眼。

「希望我能早點回來。」

「我會替你祝福。」

「假如通郵的話我會寫信給妳。」他委婉地說，彷彿對上次的不通音信作一次解釋。

「三兩句都行，就是不要隔得太久。」我委婉地叮囑他。上次他出發之後一直沒有信來，使我非常躭心。

「那邊是山區，戰事是很艱苦。」他縐了縐眉頭。

「那我怎麼才能得到你平安的消息？」我焦急地問。

「如果不通郵那就沒有什麼法子。」

「你們這邊有沒有留守處？」

「沒有。」

「那我只好乾着急了。」我不禁眼圈一紅。

「聽天由命吧。」他無可奈何地說。

孩子在他身上蹦蹦跳跳，又吵着要我抱，鐵軍吻了他一下就還給我，之後他又問我：

「我們那天拍的照片拿回來了沒有？」

「拿回來了，已經放進你的圖囊裡去了。」孩子週歲那天我們三人去拍了一張照片，今天取回之後，我就悄悄地放了一張在他的圖囊裡面。

「這是一個很好的紀念。」他嘆了一口氣。

「假如你想念我們，你可以看看照片。」

「也只有這個辦法。」他向我慘淡地一笑。

這夜我們坐到兩點多鐘還沒有睡，後來還是母親催促，我才想起明天早晨八點鐘他要坐飛機走。

第二天天一亮他就走了，我要到機場送行，他無論如何不肯，他說機場戒備森嚴，閒人不能進去，他給了我一個熱烈的擁吻之後，就跳上吉甫車自個兒開着走了，我只好眼巴巴地望着他開着吉甫風馳電掣而去。

這次他走我有一種完全失去他的感覺，沂蒙山區是那麼遙遠，而那邊的戰事又是那麼險惡，我們要想團圓，那是太困難了！

他走後我每天的第一件事又是看報，我希望從那邊的戰爭消息中找到一點安慰，我明知道他不過是幾十萬大軍當中的一個，要想得到他的消息簡直和海底撈針般地困難。但是國軍一點小小的勝利都能給我帶來一點欣慰，彷彿那個勝仗就是他打的，如果看到國軍的任何挫敗我就會憂戚起來，彷彿這個敗仗也是他打的，而我最憂心的還是怕他在這個敗仗裡遭遇了意外，但仔細一想，又覺得自己幼稚得可笑，無論誰勝誰敗，死傷總是不可避免的，況且國軍的部隊很多，不可能每一仗都是他打的，雖然明知看報只是徒增自己的無謂的憂喜，但我還是把看報當作日常的第一件功課，這在無形之中倒增長了我不少的知識，尤其是魯南那些小地方，以前我聽都沒有聽說過，現在卻閉起眼睛都能指出它在地圖上的位置。

現在不僅我愛看報，父親也常常拿起報紙和我討論時事問題。

「我看這個戰爭一定會打下去。」父親憂鬱地說。

「爸爸，打仗究竟有什麼好處？」我對這個問題實在不能理解，我不知道世界上有什麼解決不了的問題，為什麼一定要用戰爭來解決呢？

「妳這個問題很難答覆。」父親向我一笑：「不過就我們本身來說是一無好處，若就後代子孫來講，未嘗不無益處。」

「爸爸，您看歷代的戰爭解決了多少問題？」我不相信他的說法，我又問他這個問題。

「這個麼？」他沉吟了一會兒才說：「有的戰爭改變了政治形態，有的戰爭改變了國家版圖，有的戰爭為人類帶來了幸福，有的戰爭為人類帶來了黑暗，有的戰爭那就完全是愚蠢的衝動！……」

「那我們這次戰爭會有什麼影響呢？」我實在不大瞭解這個戰爭的性質，這和辛亥革命不同，又和抗日戰爭不同，甚至和北伐也不同，我眞不知道這是一種什麼戰爭？

「那是屬於我剛才說的第一類，目前還看不出有其他的影響。」父親接着解釋，隨後態度又嚴肅起來：「不過這後果是很難預測的。」

「假如國軍打勝了呢？」我作了這樣一個假定。

「那我們過現在的生活。」父親安詳地回答。

「假如打敗了呢？」我又作了一個相反的假定。

「那就要換一種生活方式了！」父親的樣子有點不安。

「爸爸，您願意過那種生活？」我試探地問。

「當然是現在這種生活。」他悠然地笑着說，輕輕地撚着他那漂亮的八字鬍，隨後又表現出一種憂慮：「不過看樣子現在這種生活很不容易維持下去了。」

「你以爲鐵軍他們會失敗嗎？」我就心地問。

「這不單是他個人的問題，不過他會吃力不討好。」他客觀地說。

「那不很寃枉嗎？」我有點不平。

「歷史上是有不少人要背寃枉的。」他沉痛地說。

我覺得父親的話含意很深，我實在不能理解，因此我改問一些切身的問題：

「假如鐵軍這次有什麼不幸那我怎麼辦？」

「活下去。」他沉靜地說。

「那種日子怎麼過呀？」我幾乎哭了起來。

「咬緊牙關。」他莊嚴地望了我一眼。

「爸爸，您不能替我設身處地的想想嗎？」我有點不滿意他的教訓口氣。

「我已經想過了。」他心平氣和地回答我。

「你怎麼想法？」我連忙問他，我希望他能給我一個法寶。

「您也不能放棄責任。」他澆了我一頭冷水。

「我有什麼責任？」我奇怪地望着他，我不是軍人，又沒有一官半職，我有什麼責任呢？

「麟兒是鐵軍的骨肉，妳怎麼沒有責任？」

「爸爸，這太為難了！」我又想哭，麟兒只有這麼一點點大，我又無一技之長，那叫我怎麼辦呢？

「孩子，做人本不容易。」父親老氣橫秋地說。

「爸爸，您眞不能替我想出一個辦法嗎？」我方寸已亂，六神無主，我只能求教父親。

「孩子，妳應該慢慢鍛鍊自己，在這種亂世，任何問題都應該自己想辦法應付，爸爸老了，爸爸不能跟妳一輩子。」他有點淒然，聲音有點顫慄，而我的眼淚已經奪眶而出。

他看見我流淚，又慈祥地安慰我說：

「不過妳不要儘往壞處想，鐵軍不一定會有危險，他並不是第一次打仗。」

這話又使我稍稍放心一點，但鐵軍走後又為什麼沒有信來呢？

第十七章 千里傳書[redacted]不敢拆 一層危機頂出來

現在我眞是度日如年，我過着一種無盡期的和日夜提心吊胆的生活。

他走後又一直沒有來信，想想我眞有點恨他，他為什麼一點兒也不顧念我相思的痛苦呢？他爲什麼這樣吝嗇？難道他的心腸是鐵石做的不成？男人，男人，你們都是到了今天就忘記昨天的怪物，你們都是見了姐姐就忘記妹妹的賈寶玉！在一塊兒卿卿我我，說不盡的溫存體貼，一離開就拍拍屁股，拍得乾乾淨淨，把一切恩愛都當作地上的灰塵，無怪乎別人說十個男人九個負心，現在我才瞭解女人的痛苦。

但無論我怎樣痛苦，我仍然忘不了往日的愛情，我像蠶兒般作繭自縛，越縛越緊，越縛越深，簡直痛苦得吐不過氣來。一看見麟兒我就會想起鐵軍，這孩子越大越像他，那對大而有神的眼睛非常可愛又非常淘氣，嘴巴一天到晚在唧唧喳喳，不是哇哇地哭就是格格地笑，不是媽媽媽媽就是爸爸爸爸唸個不停，像古廟裡的和尚唸經。我一聽見他唸爸爸爸爸我就一陣心痛，我眞氣他爲什麼這麼不懂事？專挑我的瘡疤？有時他哭着唸着把我弄煩了我就會忍不住在他屁股上重重地打兩下，這樣他就哭得更兇，唸得更兇，我自己也禁不住同他一起哭起來。其實孩子還在學講話，完全是一種無意識的嘮叨，打過之後我就格外心痛，同時還有一種對不起鐵軍的愧疚，他不是一再叮囑我要好好地照顧孩子嗎？爲什麼孩子正學講話我反而打他呢？我爲什麼這樣沒有理性呢？想着想着我簡直生起自己的氣來。

一天下午，我正獨個兒坐在家裡納悶流淚，忽然聽見敲門聲夾着一個陌生的男人聲音問：

「請問這是朱家嗎？」

「是的，請問找誰？」我一邊擦眼淚一邊在房裡答應。

「我找許太太，朱淑芬女士。」他在外面答應。

「請待一會兒。」我向外面說，同時迅速地照照鏡子。

我把門輕輕地打開一看，發現站在門外的是一個中等身材，圓圓臉，老成忠厚，風塵僕僕的軍人，看樣子和鐵軍的年齡不相上下。

「請教貴姓？」我很有禮貌地問他。

「敝姓張，」他向我恭敬地一點頭，然後又補充一句：「我是許連長派來的。」

「啊！」我驚訝了一下。

「請問您是──？」他遲疑地望着我。

「我就是許太太！」我說。「請問有什麼貴幹？」

「連長要我來接太太去。」他說明了來意。

「呀！」我又驚又喜地呀了一聲，我的手脚不知所措，慢慢地我才對他說：「請進，請進。」

他進來之後我把他招待在客廳坐下，泡了一杯茶遞給他：

「不巧得很，女傭出去了，招待不週。」

「太太別客氣。」他站了起來，双手接着茶杯，很懂禮貌，看樣子受過相當教育，不像普通士兵。他把茶杯放到茶几上之後，連忙從腰邊的圖囊裏掏出兩封信遞給我：「這是連長的信，一封是給太太的。一封是給老太爺的。」

我看看信封，的確是鐵軍的親筆字，我很想馬上拆開，但又不敢當着他的面看，如果獨自跑到房裏去看，把他一個人扔在客廳裏又不禮貌。正在我躊躇不安時母親和林媽双双地回來了，我馬上替他們介紹，母親高興得不得了，我這才得抽身告退。

回到房間之後我的心跳得很厲害，我把身子伏在梳粧台上，信壓在手底下，久久不敢拆開，我不知道這裡面寫些什麼？我猜想不到我的生活要起多大的變化？他接我去，接我到什麼地方去呢？他自己現在又在什麼地方？是在炮火連天的沂蒙山區？還是在繁華的上海？或是六朝金粉的南京？我百思不得一解，我終於鼓起勇氣把信拆開。

芬：請恕我離家之後一直沒有寫信給妳，我實在是戎馬倥傯，夜不安枕，精神肉體幾乎到達崩潰的邊緣。

我記得我曾對妳說過，沂蒙山區的戰事一定很艱苦，來到之後果然不出我的意料。現在我們正退出沂蒙山區，向徐州外圍集結，準備在那邊和陳毅、粟裕、劉伯承決一死戰。

依目前的局勢看，已經進入你死我活的階段了，現在處處都在猛打，看樣子北平也很不安全，林彪的部隊正向北平外圍集中，遲早是要動手的，因此我決定接妳出來，要死我們也死在一起，不要分離。

張特務長四維是個老成可靠的人，我趁這次部隊調動期間派他專程前來接你，一切我都已當面囑咐他，希望妳馬上帶着孩子動身，以便我們早點兒在徐州會面。

岳父那裡我另有信說明。

最後祝妳和麟兒一路平安！

鐵軍親筆

看完了這封信我眞是百感交集，去嗎？局勢已經這麼紊亂，我實在躭心旅途上的驚險，不去嗎？失去了這個機會又不知道那年那月才能和他相會？我個人很難決定這個問題，我想等父親回來之後大家商議一下再行決定。

他寫給父親的信我沒有拆開，我先交給母親，讓父親親自拆閱。

吃過晚飯之後我們開了一個家庭會議，大表哥和張特務長也參加了。

「鐵軍的信爸爸看過沒有？」我首先發問。

「看過了！」他沉重地點點頭。

「爸爸的意見怎樣？」我又問。

他沉吟了半天沒有作聲，臉孔嚴肅得怕人。

「假如我[illegible]自私的話我不能讓妳去。」他突然抬起頭來望着我說。

我馬上一楞，張特務長也睜大眼睛發呆。

「芬兒：我也實在捨不得妳離開我。」媽說着眼圈都紅了。

「可是，可是……」父親的嘴唇發抖，臉色發白，慢慢地接着說下去：「可是妳已經結婚，這件事情還要由妳自己決定。」

聽了父親的話我完全不知所措，我呆呆地望着他，一句話也講不出來，在父母和丈夫之間我不知道怎樣選擇？大表哥看見我發楞，才期期艾艾打破僵局：

「鐵軍很不容易請張同志到這兒來，這件事情要我們大家來替淑芬考慮考慮，張特務長你看怎樣？」

「連長自然希望太太去，不過這件事還得老太爺和太太商量決定，我沒有什麼意見。」張特務長很有分寸地說，同時向大家一笑。

「那邊的戰事怎樣？」大表哥問張特務長。

「沂蒙山區的戰事原先很激烈，不過現在已經停頓下來了。」張特務長說。

「徐州呢？」大表哥又問。

「徐州倒很平安。」張特務長點點頭。

「路上的情形怎樣？」大表哥細心地問。

「我來的時候還好。」張特務長回答。

「你走的是陸路還是海路？」父親忽然發問。

「海路。」張特務長恭敬地回答：「走津浦路要耽擱很久的時間，而且危險。」

「隴海路不也是時常被切斷嗎？」父親又問。

「徐州到東海這段路短，就是破壞了也能很快地修復。」張特務長一邊回答還一邊解釋蘇北的情況，最後他又補充說明：「就是隴海路不通，也可以在上海上岸，從京滬路再轉津浦路仍然可以到徐州，這樣走就更安全。」

父親向他點點頭。

「老太爺的意見怎樣？」張特務長接着問一句。

「依目前的局勢看，和平已經絕望，這一打下去又不知道要多少時間？」父親沉吟起來。

「姑爹，我看北平也不保險。」大表哥憂慮地說。

父親看了大表哥一眼，嘆了一口氣。

「現在林彪的部隊已經在北平外圍集中，傅宜生恐怕獨木難支？說不定……」大表哥機警地住了口。

「祥麟，這本來是我們國家千載一時的復興機會，眞想不到。」父親抱着頭幾乎哭了起來，他的白髮在燈光下搖曳閃亮。

「這是中國的悲劇，也是我們青年人的悲劇。」大表哥沉痛地說。

「我的路快走到盡頭了，這幾十年來的憂患生活落得個滿頭白髮，日本人給我的侮辱本可以斷送我的生命，但我要留着一口氣，看看中國的勝利，想不到竟看到這麼個結局？」父親的眼淚終於流了下來。「現在又輪着你們青年人受苦了。」

「如果不是時局這樣壞，鐵軍淑芬何至於受這種痛苦？您老人家也不會這麼難過。」大表哥望望父親又望望我說。

父親母親都在流淚，我也忍不住眼淚，房子裏立刻陷入死樣的沉默。

「姑爹，淑芬的事您看到底應該怎麼決定？」大表哥終於輕輕地打破了死樣的沉默。

父親慢慢地站了起來，身體微微地顫慄，他的眼睛直瞪瞪地望着我，淚水在眼眶裏面泛濫，他終於吃力地吐出這句話：

「妳走吧！」

說過之後他就轉身走了，母親也蒙着臉緊跟在他後面，我倒在桌上痛哭起來。

父親很快地為我籌足了一筆現鈔和二十多兩黃金。當他双手交給我的時候我的手在顫抖，心在劇烈地跳動，我的眼淚奪眶而出。父親已經為我付出了他全部的愛，臨走時還增加他這筆負擔，我不知道我怎樣才能報答他？我不知道天下的父母養女兒究竟有什麼益處？

「這點兒錢妳好好保管運用吧，假如沒有特殊的事故維持三兩年的生活是沒有問題的。」父親說。

「爸爸，我要不了這麼多，現鈔已經足夠路費了。」我含着眼淚說。我實在不忍心接受這麼多的金錢。

「孩子，金圓券是靠不住的，也許一夜之間就一文不值。」父親世故地說。不錯，金圓券已經開始貶值了。

「那我也要不了這麼多。」我指着黃澄澄的金子說。

「出門處處要錢用，人是英雄錢是膽，一旦身邊無錢，別說一個女人家，就是鐵打的漢子也難免氣短的。」父親語重心長地說。

「爸爸，這我怎麼對得住您？」我的眼淚簌簌地流了下來。

「孩子，別這麼說，假如爸爸的心能讓妳帶走的話我也決不吝嗇。」父親慈祥地笑了一下。

「啊！爸爸。」我倒在父親的懷裡哭泣。

「孩子，我從來沒有想到要妳報答。父母的愛是無條件的，現在妳也有了孩子，慢慢地妳就會瞭解的。」父親撫摩着我的頭髮說。

「爸爸，我對您實在沒有什麼價值。」我抬起頭來望着父親說。

「孩子，愛不是商品，它是無價的，妳也是無價的。」父親微笑着說。

「爸爸，我到今天才眞正瞭解您的偉大。」我非常感動地說。

「不，妳爸爸是一個平凡的人。」父親苦笑着搖搖頭。其實父親是一個很有骨氣的人，他有讀書人淡泊名利的涵養，他沒有作過官，三十多年來一直教書，日本人曾經和他談過條件，可是他情願坐牢，決不接受高官厚祿，如果以世俗的眼光看他，他確實平凡，我也直到今天才眞正瞭解他的偉大。

「我眞高興我有這樣一個平凡的父親。」我微笑地望着他說，我覺得他的白髮，他的銀色的八字髮，他的溫和的目光，處處都流露着人性的光輝。

「可是爸爸老了，這也許是爸爸替妳盡最後一次的義務。」父親淒涼地說。

「我眞慚愧，我還沒有盡到一點孝心。」我低着頭說，我的眼淚又快要流下來了。

「這我倒不介意，我只希望你好好地照顧麟兒，保重自己。」父親搖了搖白髮蒼蒼的頭。

「爸爸，您還有什麼指示？」我希望爸爸再告訴我一些作人作事的道理。

「沒有什麼指示，不過我想囑咐妳，俗語說在家千日好，出外一時難，尤其是妳們女人家，要處處留意，處處小心。」

「爸爸，您覺得張特務長這人怎樣？」我忽然提出這個問題，他是我的旅伴，從明天起我就要仰仗他了。這人究竟如何？我希望再聽聽父親的意見。

「看樣子倒很老成，不過在旅途上妳自己要特別小心檢點才是。」父親關切地看了我一眼。

「爸爸，您明天最好再吩咐他幾句。」我想這樣他也許會更檢束謹愼。

「有些話是不便向他講的，妳自己隨時注意就是了。」父親含蓄地說。

「我一定記住爸爸的話。」我向父親微微一鞠躬。

第十八章 母女分離長夜[illegible]哭 專差相伴暫分憂

母親和我談了一整個夜晚，也哭了一整個夜晚，這是我們第一次的離別，她的傷心更甚於我，假如不是鐵軍的關係，我是無論如何也不願意離開她的。

這一夜我們兩人都沒有睡。

爲了旅途安全，我們決定從海路走，第二天上午我們搭北寧號的快車到塘沽（天津），預備在塘沽上船。

臨行時，父親，母親，林媽，大表哥，表嫂，和許多親友都到車站送行，父親母親和大表哥表嫂都要送我到天津，我堅持不肯，結果他們都答應送到車站爲止。

因爲時局緊張，車站的人很擁擠，上上下下，川流不息，幸好有林媽替我抱着麟兒，張特務長替我照顧行李，不然我眞沒有勇氣出門。

張特務長和林媽先在車上佔了兩個靠窗口的位子，我爲了便於和父親母親以及親友們話別，所以沒有先上車。

父親今天裝作很愉快的樣子，和親友們說說笑笑，母親的眼睛雖然還是紅的，但也勉强裝出一副笑容，大表哥表嫂一來是他們愛說愛笑慣了，二來是他們有心沖淡黯然離別的氣氛，所以今天特別大聲說話。我爲了不願意使父母過於難過，所以也不敢哭喪着臉，麟兒更是天眞無知，自我從林媽手上把他接過來之後他就格格地笑個不停，小小的圓頭更像個博浪鼓兒似的東轉西轉。

「麟兒，幾天以後你就可以見到爸爸了。」大表嫂逗着他說。

「三個多月沒見面，恐怕他已經不認識爸爸了。」我笑着回答。

「鐵軍一定很想念他。」大表嫂笑着說：「現在越來越像他爸爸了。」

「鐵軍見了這小傢伙一定很高興的。」大表哥用手在麟兒的臉上輕輕地捧了一下。

「希望他們父子夫妻能够團圓才好。」母親就心地說。

她這句話在我心上投下了一個陰影，大表哥看見我皺眉，馬上打岔。

「他爸爸也許會派一連人來歡迎。」

大表哥的話一出口，大家都笑了起來，我也轉憂爲喜。

「眞是誇大狂！」大表嫂笑過之後又罵大表哥一句。

大表嫂這句話又惹起了幾聲輕笑。

「他爸爸巴不得天上的星都摘給他，派一連人有什麼稀奇？」大表哥又笑着說。

「你別在這兒胡說八道。」大表嫂又白了他一眼。

母親和我都忍不住笑了起來。

「我說你們兩人眞是天造地設的一對。」母親笑着讚賞了他們一句。

「姑媽，我們兩人是狹路上相逢的寃家，那有鐵軍淑芬他們兩人好？」大表嫂又調轉話頭來讚揚了我們一下。

「假如我在天南，妳在地北，我才不派人來接妳。」大表哥故意氣大表嫂一下。

「我早就知道你的狼心，你還會像鐵軍這樣死心眼兒？」大表嫂做出不屑看他的神氣說：「你只要一離開我就會忘形！」

父親母親都微微一笑，我雖然沒笑，心裡却很高興。

大表哥怕她眞的生氣，就沒有再回嘴，只向她做了一個鬼臉。

忽然車頭尖銳地叫了一聲，我看見父親的臉色馬上慘白起來，母親的眼圈一紅，眼淚就掉了下來，我把麟兒先送給父親吻了一下，再送給母親吻，不料母親竟抱着我母子兩人哭了起來，我的眼淚也奪眶而出，車頭接着又叫了一聲，母親還是不肯放手，我不知道怎麼是好？忽然父親把母親拉開，大表哥表嫂連忙簇擁着我上車，我的脚還沒有站穩，車輪就滾動了，這時林媽才從我身邊擦過跳下車來，幸好大表哥表嫂及時把她扶住，不然一定會摔倒，她站起來之後連忙向我揚揚手，她的眼圈也紅了，我含着眼淚向她點點頭。

因爲站在車門口很危險，我連忙跑到靠窗口的位子上伸出頭來向大家揮手告別，我看見大表哥表嫂親蜜地並肩靠着，向我揮着藍色的手絹，父親的白髮上下飃動，他望着我默默地流淚，母親用白色的手絹蒙住嘴巴哭泣，我的心像針刺般作痛。

我默默地望着他們的身影漸漸縮小，縮成一個驚嘆號，縮成一個小數點，最後我什麼也看不見，我已經淚流滿面。

我掏出手絹迅速地揩乾了眼淚，然後才在自己的位子上安坐下來，張特務長和我面對面地坐着。

我的心緒像一堆亂蔴，這是我第一次離家遠別，時局這麼紊亂，父親母親又這麼一大把年紀，我不知道我們今生還能不能相會？假如這次離別便成永訣，那我眞要抱恨終生！想到這兒我的眼淚又噴湧出來，我連忙用手絹揩拭，我怕張特務看見我的哭相，我把臉朝向窗外，窗外的景物我一點也沒有看清楚，在我的眼睛裡面只是一片模糊，我的心裡是一片空虛，父親母親林媽都不在我的身邊，再也沒有人向我噓寒問暖，我再也享受不到天倫之樂了！坐在我對面的不過是鐵軍的一個部屬，他和我並無切身關係，我感覺空虛孤獨，我像一株在花房裡培養的花木，忽然移植在大風雪裡，我感到全身顫慄。

我除了爲這次的遠離父母傷心之外，我還躭心是否能和鐵軍在徐州會面？如果萬一中途有變，那我眞不知道如何是好了！

「張特務長，你來的時候徐州的確很好嗎？」我忽然調過頭來問他。

「太太，我來的時候的確很好。」他向我恭敬地點點頭，隨後又不免有點疑慮：「不過那已經是十天前的事了。」

「不知道最近會不會打起來？」我又問他。

「這很難說，」他坦白表示：「不過我們早點動身也許還不會有什麼問題。」

「連長當時對你怎麼說的？」

「他說本師官佐眷屬都集中在徐州，副官處派有專人料理，所以他要我來接太太去。」

「萬一徐州有危險呢？那些太太們怎麼辦？」

「會往後方遷，這倒不必躭心。」

經他這一解釋我才稍稍放心。

車子風馳電掣地在十月的平原上狂奔，車上的旅客都是愁眉苦臉，絕對不像是一次愉快的旅行，經過彼此互相打聽，大家都說是到天津，有的轉津浦路向南走，絕大多數是從天津搭船到南方去，很少有人到天津以北去。

我因爲昨夜一夜未睡，人顯得有點疲倦，張特務長很懂事地向我建議。

「太太，您休息一下吧，小弟弟讓我來抱。」

「啊，眞對不起。」我向他感激地笑，隨手把麟兒遞給他。

麟兒第一次坐火車，又從來沒有看見這麼多人，所以他很高興，他乖乖地讓張特務長抱，還在他身上蹦蹦跳跳。

我看見麟兒很乖，就伏在枱子上休息，車子像搖籃般地幌動，我很快地就迷迷糊糊入睡了。

起先我覺得我像騰雲駕霧般地輕飄，在太空飄來飄去，整個北平城都在我的腳下，萬壽山，頤和園，北海，中南海，故宮，統統在我的脚下，我鳥瞰着地上的車輛行人，汽車像小黑甲蟲在地上慢慢爬着，人像一隊隊的螞蟻，在街道上蠕動着，我覺得這些地上的生物眞渺小得可憐，我只要吐一泡口水就可以把他們完全淹死，但是我並沒有吐下去，我不忍心看見他們在地球上毀滅。

後來我又飄到一個城市的上空，這個城也很大，不過和北平的風格完全不同，而且它的周圍遍地烽火，人們正在互相殘殺，眞是血流成河，屍骨堆山，我好奇地低頭往下一看，忽然看見鐵軍在裡面厮殺，他的四周都是敵人，他左衝右突，仍然沒有衝出敵人的包圍，但他非常勇敢，一點也不氣餒，我看了心裡眞急，我恨不得把那些圍着他的人統統趕走。我不顧一切地跳了下去……。

我覺得身子有點痛，我睜開眼睛一看，原來車子已經到了塘沽車站。

這個夢使我的心情更加紊亂，我茫然地看着別人搬行李雜物，匆匆地擠着下車，我自己完全不知所措。還是張特務長對我說：「太太，您抱着小弟弟吧，我好搬行李。」我這才從他手上把麟兒接了過來，又跟在他的後面慢慢地擠出車站。

第十九章 塘姑侯船心忐忑 四維侍奉意殷勤

我們好不容易地找了一個旅館安頓下來。

塘沽的旅館生意特別好，幾乎家家客滿，我們找了十幾家才找到兩個小房間。這些旅館大都是住着到南方去的旅客，而且是在這兒候船的，他們有的從東北逃來，有的像我們一樣從北平來，首先要去的地方大都是上海，從那邊可以向江南各地轉進，目前只有江南還算平靜。

一切安頓妥當之後，張特務長就出去打聽船期，他告訴我從這兒到上海的大輪船倒不少，但都不在連雲港停泊，中途站是青島，如果到連雲港上岸，必須在青島換小船，不然就只好一直坐到上海，繞一個大圈子再到徐州，他問我是直接買上海的票還是買青島的票？我不知道時局究竟會不會發生變化？隴海路是否暢通？假如隴海路暢通，自然可以買青島的票，中途再換船去東海，如果隴海路不通，阻隔在東海那就麻煩了！因此我也很難決定，我只好對他說：

「你看着辦吧？」

「太太，這樣好不好？」他用商量的口氣對我說：「我們先買青島的票，這兒到青島三天，假使這三天之內時局沒有變化，我們就在青島上岸，免得白白地犧牲了上海的票錢，如果萬一時局發生變化，我們再在船上補購到上海的票，免得在青島上上下下，增加麻煩，太太妳看怎樣？」

「好，就這麼辦吧！」我覺得他考慮得很週到，我笑着回答。

「那我去了？」他望着我說，似乎是在徵求我的同意。

「好的，」我點點頭說：「這就麻煩你了。」

他出去之後我覺得更加孤單，我又想起家來了，我不知道母親是否還在哭泣？父親又是怎樣的難過？我想想我對父母實在沒有半點益處，無論在經濟上在感情上都是他們一個重大的負擔，假如我有一個兄弟或是姐妹也好一點，現在我一下走了他們就全部落空，從此只有兩個老人朝夕相對，這是一種多麼難堪的空虛和寂寞？回想自我結婚生孩子以來，先後兩年多確實使家庭氣氛生動活潑了許多，尤其是麟兒更給他們不少安慰，現在我們都走了，他們只要看看那兩個空房間都會哭的，假如不是戰爭我就不會冒着這麼大的風險出來，他們也不會面對着這樣凄清的晚景。擁擠的旅館也不會住着這麼多逃亡的難民。這個戰爭究竟有什麼意義現在我還不能完全瞭解，但我已經開始嚐着戰爭的苦味了。

我在火車上做的那個怪夢更使我忐忑不安，假使那個陌生的城市就是徐州，那我現在趕去不正是投入虎口？假使鐵軍眞的陷入重圍那我們又怎麼能够相會？我虔誠地默禱上蒼希望徐州平安，鐵軍無恙，讓我們夫妻團圓才好。只要我們這次能够團圓，就是和他死在一起我也心甘。

張特務長出去了好幾個鐘頭才回來，他手裡還提了一個大紙包。

「怎樣？」他一進門我就急着問他。

「今天明天都沒有希望。」他輕輕地搖搖頭。

「那麼到底要等多久？」我心裡非常焦急。

「我已經在招商局登了記。」他安慰我說。

「什麼時候有船呢？」

「他們要我明天上午去看看。」

「有沒有把握？」

「他們說最快三天，最遲一個禮拜。」

「其他的輪船公司怎樣？」

「私人輪船公司我也都去過了。」

「怎樣？」

「他們的船更小。」

「沒有別的辦法嗎？」我有點失望。

「有一家公司有一隻輪船正停在碼頭待命，假如不打軍差，明天可能直放上海。」

他報告了這個新的消息。

「你登記了沒有？」

「登記過了。」他點點頭：「假如它明天直放上海我們是否搭這條船去？」

我沉吟不語，我覺得這是一個值得考慮的問題，我不知道從青島去上海要幾天？從上海到南京，從南京到徐州又要幾天？比走隴海路去徐州究竟是誰快誰慢？

「你看走那條路線快？」我只好問他。

「這個，」他也沉吟起來：「我算算看，從青島到東海一天，從東海到徐州也是一天，一共兩天：從青島到上海大約三天，從上海到南京一天，從南京到徐州一天，一共五天，比走隴海路要慢三天，路費要多一半。太太，您看走那條路線好？」

「爲了爭取時間，當然是走隴海路好。」我說。

「可是走隴海路沒有走上海安全，走上海絕對保險。」他又向我提出意見。

「這樣吧，麻煩你明天清早先到那家公司去看看，假如那條船眞的明天直放上海，那我們就坐那條船好了。」我這樣決定。

「這樣也好。」他贊同我的意見。

隨後他就把紙包打開，拿出幾個梨子和一些點心送到我的面前來：

「這兒的梨子很有名，點心也不壞，太太，你嚐嚐看。」

這兒的梨子很好，在別的地方的確名貴，不過在北平吃倒很方便，因此我笑着說：

「我在北平吃得很多，你也許很少吃到，你嚐嚐吧。」

「我沒有吃過，不過這次我從徐州來倒吃了不少碭山梨。」他興奮地說。

「碭山梨怎樣？」我沒有吃過，我禁不住問他。

「啊！很好很好。」他滿面笑容地回答：「又大又甜。」

「大的有多大？」我好奇地問。

「大的有一斤多，普通的也在半斤上下。」

「那比這梨大得多了。」

「嗯！」他點點頭：「而且水份多。」

「那眞太好了。」

「不過就是一個缺點。」

「什麼缺點？」

「不大經留，因此很少遠銷。」

「現在是不是已經罷市？」

「沒有，我們現在走還能吃到。」他向我一笑。

「那很好。」我也向他一笑。

接着他用刀迅速地削好了一個梨子先給我吃，我不好意思接受，他就一剖兩半給麟兒了，麟兒拿到梨子非常高興。隨後他又一連削了兩個，送了一個給我，他自己也吃了一個，他嚐了一片之後就說：

「很好。」

「比碭山梨子怎樣？」

「各有千秋。」他向我一笑。

他邊吃和我討論一些旅途上的瑣事，他雖然不算健談，但沒有一點浮誇，而且他的常識也很豐富。坐了個把鐘頭他才告別，臨走時很有禮貌也很誠懇地對我說。

「太太，希望這次我能順利地達成連長交給我的任務。」

「這眞太麻煩你了。」我也客氣地回答他。

他走後我心裡稍稍安定一點，我覺得鐵軍沒有認錯人，今後這幾天我要完全仰仗他了。

由於昨夜一夜未睡，今夜不到十點我就感到非常疲倦，一上床就睡着了，醒來時已經是第二天上午十點鐘了。

一想起今天可能直開上海的那隻船，我心裡就很急，我不知道張特務長走了沒有？

我準備到他房間裡去探望一下，盥洗完畢之後我就把房門打開，一打開我就看見門上用圖釘釘了一張紙條：

太太：

我先去輪船公司看看，一有消息立刻回來。

祝

早安！

張四維留言

看見這張紙條之後我心安了許多，我覺得張特務長這人眞老成可靠。

吃過早點之後我就開始寫信，先給大表哥表嫂寫了一封致謝餽贈的信，再向父親母親報告平安抵達塘沽，並說明三兩天內可能動身，以後旅途的情形自會隨時奉告這些話。

寫完之後我正準備出去付郵，恰巧張特務長從外面回來，我連忙向他打聽船期的消息。

「那隻船今天不走了。」他立刻向我說明。

「什麼原因呢？」

「要裝軍隊。」

「招商局有沒有船開？」

「招商局今天有兩條船開，但是輪不到我們。」

「那我們究竟要等多久？」

「他們說明天有條船直開上海，假如我們願意搭這條船明天就可以走，不然的話還得等幾天，不知道太太的意見怎樣？」他說完之後定睛定神地望着我，好像在等候什麼指示。

我考慮了一下還是決定搭這條船走，以爭取時間，如其在塘沽沒有把握的等，不如在船上多坐兩三天，而且從上海去又很安全。

「那我們明天走吧。」我說。同時我又問他：「幾點鐘上船呢？」

「上午十點。」

「那我們來得及。」

「請問太太是買房艙還是統艙？」他小心地問我。

「房艙怎樣？統艙怎樣？」我沒有坐過海輪，我不大瞭解船上的情形。

「房艙設備好，價錢貴，而且要在今天訂好，統艙像個大雜院，自然便宜些，明天按號頭去買還來得及，太太你看怎樣？」他向我解釋之後又望着我。

我想從這兒到上海要六七天，而且又帶了麟兒，住統艙有很多不便，不如多花點錢買房艙好，但是我買房艙又不好意思叫他坐統艙，因爲這就無意中顯示出我們的等級距離，這是很不好的，因此我對他說：

「那麼麻煩你先去訂兩個房艙好了。」

「小弟弟用不着買票。」他向我笑：「一張够了。」

「你呢？」我奇怪地望着他。

「我買統艙。」他笑着說。

「那不好。」我搖搖頭。

「太太，我們軍人在風裡雨裡過慣了，有一張統舖就很不壞了。」他態度很自然，一點沒有做作。

他這兩句話使我感慨萬端，軍人爲什麼要比普通人苦？而且他們又安之若素，難道他們不是人嗎？是賤民嗎？不用說鐵軍也是一樣的了！一想到鐵軍也這麼吃苦我心裡就更加難過。

「不！」我用力搖搖頭：「我坐房艙，你也坐房艙，不然我們都坐統艙。」

「太太，你不必這樣客氣，有小弟弟坐統艙很不方便，您不比我，我在軍隊裡是過慣了流浪生活的。」他又向我誠懇地解釋。

我心裡一陣酸，幾乎流淚，到今天我才認識軍人的眞面目，我對鐵軍的瞭解還不够，我只看到他和我生活的一面，我沒有看到他和弟兄們生活的一面，現在張特務長把他另一面的生活顯示出來了，我實在有點替鐵軍委屈。

「你看着辦吧。」我馬上轉過身來把背向着他，我生怕我的眼淚在他面前掉下。

他不聲不響地走了，他走後我才突然想起沒有拿錢給他，我連忙追了出去，我大聲地對他說：

「張特務長，你還沒有帶錢呢？」

「太太，連長給了我兩人的路費。」他向我揚揚手又走了。

回到房間裡我的眼淚不禁奪眶而出，鐵軍的待遇那麼低，生活那麼苦，還籌足了我們這筆不小的路費，我這才恍然大悟：父親為什麼要給我這麼多的錢？父親的愛和丈夫的愛是太感動我了！男人的心真是深不可測的。

第二十一章　霹靂聲徐州失守　寒星夜孤館飄零

上午十點鐘我們上了船，一切麻煩都由張特務長替我解決了。

我和一位三十來歲的女客同一個房間，這裡面很清潔，床鋪非常柔軟舒適，空氣也很流通，從玻璃窗望出去視線也很開闊，我心裡很高興。

慢慢地這位女客就和我互通姓名，彼此攀談起來。

「請問妳上那兒去？」她先問我。

「徐州。」我說。

「徐州？」她顯出一點驚愕的樣子來：「這船是直放上海的。」

「不錯。」我向她一笑：「我是從上海轉徐州的。」

「走隴海路不是更近更快嗎？」她笑着說，她的常識很豐富。

「因為船難等，隴海路又不太安全，所以我才繞這麼一個大圈子。」我向她解釋。

「本來最快是走津浦路，可是津浦路現在切成了好幾段，走不通；其次是走隴海路，想不到隴海路也不保險！」她慨嘆地說。

「如果不打仗就好了。」我說。

「那妳就用不着繞這麼一個大圈子。」她向我甜美地一笑。

「那我就根本不會離開北平了。」我也向她笑。

「徐州已經相當緊張，妳怎麼要去那兒？」忽然她奇怪地望着我。

「因爲我先生要我去。」

「妳先生在那兒作什麼貴幹？」

「他是軍人。」我突然感到作軍人妻子的榮耀。

「他是軍人？」她睜大眼睛望着我。

我點點頭。

她沉默了半天沒有作聲，我不知道她心裡在想些什麼？是敬佩還是鄙視？我不得而知。忽然她又問我：

「是不是剛才那位軍官？」

「不是。」我搖搖頭，我知道她指的是張特務長。

。

「那他是妳什麼人？」她問過之後又向我抱歉地一笑，她已經覺得她問的太直率

「是我先生的部屬。」

「妳先生在部隊裡擔任什麼職務？」

「連長。」

「那很辛苦。」她同情地說。

我沒有再答覆她，只回她一個微笑，我不知道她對軍人的印象如何？

「您只是去上海還是要再到別的地方？」隨後我又隨便地問她一句。

「我去台灣。」她說。

「台灣？」我大爲驚奇，她怎麼要去那麼遠的地方？

「嗯。」她看見我不大相信又向我點點頭。

「有什麼貴幹？」

「我先生在天津辦工廠，」她向我解釋。「現在時局不是很緊張嗎？北方固然靠不

住，江南恐怕也不保險，我先生準備把工廠遷到台灣去。」

我聽了她的話覺得她很爽直，但我奇怪她爲什麼要跑得那麼遠？

「唉！」她看見我沒有作聲又輕輕地嘆了一口氣：「打仗對於我們幹生產事業的影響最大，我們需要的是安全。」

「台灣很安全嗎？」

「隔了一道海總要好得多。」

「您們想得眞遠。」我也不免慨嘆起來。她在尋求安全，而我却走向火線，這是一個多麼大的區別？

「不想遠一點我們的事業就會垮下來。」她的眼睛閃出灼灼的光彩，這完全顯出了她的精明能幹。

「這船上像您這樣想的人恐怕不多？」我笑着說。我看這船上十之七八的人都是愁容滿面，衣衫不整，過了今天不知道明天的難民。

「他們值得同情，」她爽快地說：「所以我討厭戰爭。」

「是不是也討厭軍人?」我故意笑着問她。

她笑而不答，却轉而誇獎了麟兒一句：

「您這孩子倒頂可愛。」

「完全像他爸爸。」我得意地說。

她望了麟兒一眼，隨卽掏出一枝紅吉士來往自己嘴上一塞，然後又把漂亮的煙盒遞給我：

「抽一枝嗎?」

「謝謝，我不會抽。」

「您很年輕吧?」她世故地問我。

「二十二。」

「這正是花樣的年齡。」她讚美了一句。

「您貴庚多少?」我也大胆地問她。

「整整大您十歲。」她爽快地伸出食指來。

「看不出來。」我搖搖頭，她的世故超過了她的年齡。

「看不出來?」她不信任地向我一笑：「老都老了囉！」

我覺得她不但世故，精明，而且很有風趣，她是我們這條船上少數的幸運者，她和我更是一個強烈的對照，我比她年輕，可是我却沒有她這麼輕鬆愉快的心情，我們雖同一個房間，却是兩個生活階層，因此我想起了張特務長，我抱着麟兒走到統艙去看看，統艙是一片紊亂，床舖連着床舖，而且都是木板床，床架上正掛着許多衣服毛巾之類的東西，張特務長的床就在過道旁邊，他看見我連忙起立招呼。

「這眞委屈你了。」我向他表示歉意。

「太太，您別客氣，這比火線上舒服多了。」他坦然地笑着，一點也不矯揉做作。

「你們這兒有沒有上徐州去的?」我好奇地問他。

「沒有。」他搖搖頭。

「那麼只有我們大小三人了。」我向他慘淡地一笑。

全船的人無論窮的富的都走向安全，只有我帶着孩子走向危險，我覺得這才是我作軍人妻子的起點！

十二點正，船啓碇了。

甲板上的人很多，大家都向岸上揮手告別，岸上雖然沒有人送我，我也向塘沽作最後的一瞥。

船漸行漸遠，天津市也漸漸縮小，甲板上的人也漸漸地散了，張特務長抱着麟兒把我送進房艙。

「這位是張特務長。」我把他介紹給王太太，王太太向他欠欠身子，點點頭，我又對他說：「這位是王太太。」

經過我介紹之後，王太太很大方地對張特務長說：

「請坐，請坐。」

「謝謝，謝謝。」張特務長站在門外說，並沒有跨進來。

「你陪許太太去徐州嗎？」她指着我笑着問。

「是的。」他點點頭。

「這個差事可不簡單哪。」她向他一笑。

「我希望我能達成任務。」他也向她一笑。

「你們連長怎麼不親自來接呢？」她開玩笑地說。

「他的責任重，走不開。」他莊重地回答。

「你們部隊一直在打仗嗎？」

「從抗戰到現在。」

「那你很辛苦了。」

「這倒說不上。」

「你進來坐坐嘛。」她大方地把身子移動了一下。

「謝謝，我要走了。」他真的移動了腳步，隨後又回頭來對她說：「太太還請您多多關照。」

「義不容辭。」她回了他一個微笑。

他走後她又回過頭來對我說：

「我看這人倒很老成。」

「所以我先生就麻煩他來接我。」

「您以前出過門嗎？」她突然問我。

「沒有走過很遠。」

「同男人旅行有很多的好處。」她奇峯突起地說。

「什麼好處？」我笑着問她。

「他會盡忠服務。」她先世故地一笑，隨後又加上一句：「可也有麻煩。」

「怎麼會有麻煩呢？」我不大理解她這句話。

「妳還年輕，也沒有這類經驗。」她向我含蓄地一笑，笑的很美，我可以想像到她在我這種年齡是會瘋魔不少男人的。

「我想也沒有想到過。」我坦率地說。

「幸好您先生的眼力不錯。」她深深地看了我一眼，我知道她話裡面的意義了。

「不然我也不會出來。」我也看了她一眼。

「這孩子真像他爸爸嗎？」她指着麟兒笑着問我。

「一個樣子。」我也笑着說。

「那他很不錯。」她誇獎了一句。

「不過還不是一個十足的大老粗。」我自負地說。

接着她就問我一些關於鐵軍的事情，我照實告訴了她，她除了爲鐵軍現在的身份惋惜外，又讚揚了我一句：

「您這是一個聰明而又大胆的選擇。」

「我不知道我選擇的是禍還是福?」

「假如時局不變得這樣壞，你們應該是很幸福的。」她爽快地說。

「我也這樣想。」我坦白表示：「不過現在我有點憂慮。」

「這種局勢使每個人都憂慮。」她把煙蒂揷進煙缸裡，然後又抬起頭來望着我：「不過您的情形比較特殊。」

「我只希望在我到達徐州之前時局不要發生變化。」我說。我只要和鐵軍在一起就有勇氣應付一切，我的胆量就會壯大百倍。

「這或者不至於吧?」她向我輕輕地一笑。

第二天我們的船在渤海海峽中平穩地航行，十月的東北風悠悠地吹着，天空一片蔚藍，顯得特別高而遠，海水深而且綠，白胸脯的海鷗在船兒的前後左右時高時低地飛着，旅客偶爾抛下一些剩餘的食物，牠們馬上俯衝下去，嘎嘎地爭食，吃飽之後就鳧在海面上隨波逐流，一看見新的食物拋下又飛起來迎接，又嘎嘎地叫。

這眞是一個最好的旅行季節，我的心情也海闊天空起來。

忽然擴音器裡聒聒地叫了起來：

「徐州大戰爆發！徐州大戰爆發！」

我像突然受了沉重的一擊，立刻感到一陣暈眩，我幾乎跌倒下來。等我稍稍鎭定之後又聽到擴音器裡報告大戰爆發的時間，以及一般戰況。船上的旅客馬上搖頭嘆氣，議論紛紛，有的在嚶嚶地哭泣，有的甚至大聲咒罵起來。我的心情眞像一團亂絲，理不出一個頭緒，回去嗎？船不能爲我一個人調轉頭開，前進嗎？徐州已經在戰爭中了。

張特務長聽到這個新聞之後馬上走了過來，他的臉色也有點憂鬱，但又迅卽裝出一個微笑來。

「張特務長，你坐吧。」我黯然地向他說。

他向我一笑，又望望王太太，王太太客氣地對他說：

「請坐，請坐。」

他這才跨了進來，在輪椅上坐了下去。

「真想不到時局變得這樣快？」王太太輕輕地搖了一下頭，和她昨天對我輕輕地一笑情態大不相同了。

「我們已經預料到會有這麼一天，但沒有想到我們還沒有到徐州戰事就爆發了。」張特務長說。

「你們既然預料到徐州大戰會爆發，你們連長爲什麼反而要派你來接太太去？」王太太大惑不解地說。

「連長有連長的打算。」張特務長說。

「什麼打算？」

「一是全師的眷屬都集中在徐州，有專人照顧。」他開始說明理由：「還有一點，他認爲在徐州外圍應該好好地打一仗，萬一徐州失守，整個華北也就完了，北平天津自然也保不住，所以他才決定接太太來。」

王太太這才恍然大悟地哦了一聲，我也才完全瞭解鐵軍的用意，假如這次我不出來，我們可能是永久分離的。

「男人到底有遠見。」王太太讚賞了一句：「我先生要我急急風地去台灣也正是這個原因。」

「我希望時局不會那樣壞。」經他們這樣一說我心裡更亂，萬一徐州失守我不但很難會到鐵軍，我的父親母親也要淪陷在北平，那我們就要變成父母子女夫妻離散了，在外面我又沒有一個親人，那怎麼辦呢？

「成敗在此一舉，照理是有得打的。」張特務長強調說。

「照你看有沒有把握守得住？」王太太關心地問。

「這我不敢說。」張特務長向王太太抱歉地一笑：「因爲我不是軍事家。」

王太太看他說得坦白，向他點頭一笑，然後又自言自語：

「時間眞太寶貴了。」

「我眞希望這船今天就到上海。」我焦急地說。我想早點和鐵軍取得聯繫，或是先和副官處取得聯繫。

「我比您更急。」王太太望着我說，她的彎彎的双眉也縐了起來。

「王太太，您何必這樣急呢？」張特務長不瞭解她的情形，他有點奇怪。

「我的工廠成敗也在此一行。」她向張特務長說，接着說明她此行的任務。

「哦，」張特務長哦了一聲：「那您要趕快到台灣去。」

「到了上海我決定坐飛機，」她眉毛一縐：「輪船太慢了！」

「到台灣去的比我們到徐州去的更急。」我心裡眞有一種說不出來的滋味。

我們一到上海就聽到一聲霹靂：徐州失守了！

報紙上用特大字作標題，看來格外觸目驚心，每一個字就像一柄匕首，深深地揷進我的心臟。

國軍幾十萬大軍在這一戰中完全覆沒了，幾位抗日名將如邱淸泉，杜聿明……都是死的陣亡俘的俘，黃維也下落不明，這對於政府眞是一個沉重的打擊，對於我更是一個天旋地轉的壞消息，幾十萬大軍都覆沒了，鐵軍和他的部隊又怎樣呢？一定是凶多吉少了。

幾百萬上海市民都爲這個壞消息愁眉苦臉，搖頭嘆氣，碼頭上，街道上的行人都是行色匆匆，低着頭走路，各人想着各人的心事，他們也許沒有我這麼嚴重，也許比我還要痛苦，總之，這個消息給很多人帶來了不幸的遭遇。

我茫然地站在碼頭上，看看手上的報紙，又看看混濁的黃浦江水，我不知道我究竟應該往那兒去？

船上的人統統下完了，也漸漸地散了，碼頭不再像以前那麼擁擠了。

王太太一下船就坐着出租汽車匆匆地走了，她是那麼急於把她的工廠搬到台灣，搬到更安全的地方去。

現在和我同船的旅客統統走完了，只有我站在碼頭上徬徨無主，看着天眞無知的麟兒，我的眼淚不禁奪而出。

「太太，我們走吧？」張特務長對我說，他也顯出有點憂愁的樣子。

「上那兒去？」我茫然地望着他，望着上海的這些摩天大廈。

「我們先找家旅館歇歇脚吧。」他漫聲答應，一時也拿不出主張。

我只好點點頭，我想我也應該找個地方痛哭一下。

我們分坐兩部人力車，轉了好幾條街跑了不少路，上海的旅館也和塘沽一樣難找，幾家豪華的大旅館我們不敢進去，望望國際飯店二十幾層大樓，張特務長就格外覺得自己的寒酸，最後還是在蘇州河南岸找了一個中等旅館住了下來。

六七天的海上生活有點晃晃動動，一踏進旅館身子好像安定了許多，房屋不搖擺，床鋪傢俱不搖擺，可是我的心却比在船上搖擺得更厲害！人雖住進了旅館，心却像懸在空中，東飄西盪，怎樣也安定不下來。

張特務長把一切安頓妥當之後，走到我的房間裡來，他看見我一切應用的東西胡亂地放在椅子上，很小心地替我整理起來，又從我手上把麟兒抱了出去，還回過頭來對我說：

「太太，您先梳洗一下，我抱小弟弟走走就來。」

我這才走進盥洗間去，把自已料理一下，在鏡子裡面我發現我的頭髮凌亂，面容蒼白，這幾天在船上我日夜焦急，茶飯無心，根本沒有好好地料理自己，頭髮已經三四天沒梳了，所以才弄成這樣一個鷄窩，我粗枝大葉地梳洗之後就出來叫麟兒，張特務長聽見我叫，馬上抱着麟兒走了過來，麟兒高興地向我笑，我發現他臉上也髒，又把他抱進去洗了一番。

「太太，時間不早了，我們先吃點東西吧?」張特務長看見我出來迎着我說。

「我吃不下，請你自個兒吃吧。」我對他說。

「太太，不吃是不行的，急也無用，既已到了這個地步，我們總要想個法子。」他安慰我說。

「有什麼法子可想呢？」我痛苦地望着他說。

「我想先到南京去一下。」他向我提議。

「那有什麼用呢？」我奇怪地望着他。

「我想在南京打聽打聽連長的消息。」他說出了他的主意。

「南京離徐州那麼遠，恐怕打聽不到？」我搖搖頭。

「國防部在南京，或許可以打聽出一點消息。」接着他又說出進一步的打算：「如果在南京打聽不到，我決定再去蚌埠一趟。」

「蚌埠離徐州還有一段路。」

「蚌埠現在已經是前線了，只要有點希望，我願意再向前去。」他誠懇地說，完全沒有考慮到自己的利害。

「人海茫茫，你又有什麼辦法呢？」我嘆了一口氣。

「國軍有幾十萬人，我不相信都會被他們消滅，總有人逃出來。」他自信地說。

「鐵軍又不是什麼大人物，別人怎麼會知道他呢？」鐵軍的地位太低，我想決不會有人注意他的死活的。

「我會先打聽部隊的番號，損失情形，從上到下，再探聽他個人的下落，也許會有一個眉目？」他說出了具體的步驟。

「我看很難。」我仍然搖搖頭。

「這件事當然不太簡單。」他也坦率地說，不過隨後又寄予一點希望：「不過部隊裡常有奇蹟出現。」

「眞想不到我的夢竟會應驗？」我聽他說到奇蹟，忽然想起我在火車上做的那個怪夢。

「您做了什麼夢？」他驚奇地望着我。

於是我把那個夢告訴了他。

「這倒眞有點奇怪？」他也有點不解，隨後又安慰我說：「幸好他只是被圍，他並沒有被俘或是陣亡。」

「這又有誰能知道？」我惶惑地望着他，我的夢並沒有做完就突然醒了。

「就是照夢判斷，也還沒有絕望。」他仍然安慰我。

「可是他已經損失了那匹好馬，他又沒有三頭六臂。」我想起他上次在河北作戰時犧牲了那匹好馬，從此他就失去了一層保障，危險性就更大了。

「可是人比馬強，連長作戰一向鎭定，也許能死裡逃生？」他提出了相反的意見。

「但願如此。」我心裡也這樣想：「但我們又怎能相會呢？」

「太太別急，讓我慢慢打聽。」

「你眞想去南京？」我鄭重地問了他一句。

他點點頭。

「那我怎麼辦？」上海人地生疏，我帶着一無知的孩子在這兒怎麼行呢？

「您在這裡等好了，頂多十天半個月我就會回來。」他安慰我說。

「萬一時局又發生變化呢？」對於這種時局我眞是提心吊胆。

「這裡隔了一條長江，有五六百萬人口，是全國的經濟命脈，我看再也沒有比上海更安全的地方了。」他很自信地說。

「如果一定要去，我希望你早點回來。」我想想再也沒有其他的辦法了，只好讓他去試試。

「我也希望能早點打聽出連長的下落。」他馬上站了起來。

爲了爭取時間，吃過晚飯之後他就動身去南京，我送他到北火車站，鄭重地拜託一番，我覺得我的命運現在完全繫在他的身上了。

回來之後我的心情很亂，胸中像塞滿了破棉絮一樣積鬱，我把麟兒安睡之後就悄悄地走上平台痛哭。

十月底的晚風已經頗有寒意，平台上沒有燈也沒有人，我讓我的眼淚在黑暗中痛快地流，這兒再也不怕別人看見，只有天上的寒星向我眨着幸災樂禍的眼睛，但它們離我這麼遠，我毋須理會它們。

國際飯店和四大公司的電燈越到深夜越加輝煌，像千萬隻巨眼在閃亮，它們離我太近，簡直使我有點意亂心慌，我不敢看這些巨大的眼睛，我轉而面向蘇州河，但蘇州河的水是那麼渾濁污穢，原始的木船上閃着點點漁火，這些木船，這些漁火，彷彿在向大上海傾訴着滿腔幽怨，它們的命運雖和我差不多，而我却無處傾訴。

我獨個兒在平台上躑躅，我腦海裡像有萬頃波濤起伏，怎樣也不能寧靜下來。直到兩點鐘，我感覺到夜露已浸濕了我的毛衣，我身上有些寒冷，我這才回到房間裡來。

麟兒睡得很甜很美，嘴角上還浮着一絲微笑，他是這樣天眞無知，他一點兒也不知道我在受罪，他一點兒也不知道他自己的命運正在劇烈地轉變。

雖然夜已很深，而我仍然不想去睡，我不僅躭心鐵軍的命運，我也想念父親母親，在塘沽發過一封信之後我就再也沒有寫信給他們了。

我很想寫信給他們，但我又沒有勇氣執筆，一提起筆給他們寫信我的眼淚就會不住地流，假如讓他們知道我現在的處境那他們也會日夜不安。但是不寫信也不行，他們一定從報上看到了徐州失守的消息，對於我的行止他們一定非常躭心，因此我鼓着最大的勇氣提起了筆，但一寫上「父親母親」這四個字我的眼淚就奪眶而出，我寫不下去，我不知道從那兒講起？我的眼淚比話更多。

過了很久我才勉强忍住眼淚，我用力咬緊下唇，我的手發抖，我開始歪歪倒倒地寫着：

「經過了六天的海上生活，今天我已經平安抵達上海。不幸的是一到上海就看到徐州失守的消息，這對於我當然是一個很大的打擊，我想您們也和我一樣地難過。本來我想馬上回北平，但鐵軍下落不明，我不願徒勞往返，同時還有很多人認爲徐州一失北方就保不住，今天報上的社論也有這個看法，因此我現在不僅躭心鐵軍的安全，也躭心北平的命運，自然更躭心您們。

張特務長已於今夜乘車去南京打聽鐵軍的消息，如果在南京打聽不出來再去蚌埠打聽，在沒有確實消息以前我只好在上海等了。

張特務長人很忠實，一路來對我母子二人細心照顧，上上下下完全不用我操心，假如他這次去南京打聽出鐵軍的下落而使我們夫妻相會，那我們眞要好好地報答他才是。

麟兒很好，他仍然天眞無知，不知道人間尙有愁苦，我自然會好好地照顧，他是鐵軍的骨肉，一看見他我就會想起鐵軍，想起我的責任。

寫到這兒我停頓了很久，我不知道是否應該再寫下去？我覺得我心裡還有很多話要講，也有很多話我不敢講，一寫出來我就會流淚，他們看了也會更傷心。

「我的身體很好，請您們千萬放心。」最後我只好這樣結束。其實我的身心已瀕臨崩潰的邊緣了。

寫完了之後我心裡好像輕鬆了一些，恰巧麟兒醒了，我只好和衣躺在床上輕輕地拍他，不知怎麼的我竟迷迷糊糊地睡着了。

一覺醒來我覺得我的頭特別沉重，我用手一摸才發覺非常燙手，我知道我是病了。我的口很乾燥，像火樣地燒，我勉强支撐起身體，在熱水瓶裡倒了一大杯水喝了下去，然後我又倒在床上，拉了一點被角蓋着，又昏昏沉沉地睡着了。

我再度睜開眼睛時我覺得天旋地轉，我發覺有很多人圍着我，好像還有一個醫生模樣的人替我按脈，然後又把我的衣服解開，用手在我胸前敲敲打打，用聽筒在我胸前左按一下右按一下，我全身無力，我也不覺得羞恥，隨後醫生又在我手臂上打了一針，我又昏昏沉沉地睡去。

不知道睡了多久我又醒了，這次我是被麟兒哭醒的，他手裡拿了一塊蛋糕，坐在地板上，眼淚鼻涕和蛋糕屑子糊了一臉，看見他這樣我不禁一陣心酸，可是我的眼睛非常乾枯，我一時流不出眼淚。

我勉强支撐着身子爬下床來把他抱起，可是我的脚支撐不住我的身體，我和他同時跌倒下去，麟兒經過這一跌更是大哭起來，於是我和他哭做一團。

由於孩子的哭聲驚動了服務生，一位小姐馬上走了進來，他看見我們都躺在地板上連忙把我扶起，隨後又把麟兒抱起。

「太太，你今天上午的熱度眞高，簡直把我們嚇壞了。」她笑着對我說。

「啊，我眞抱歉驚動了你們。」我有氣無力地說。

「幸好醫生及時趕到，」她嚴肅地望着我，又伸手在我頭上摸了一下：「現在已經退了很多。」

「眞謝謝你們。」我說。

「小弟弟老早就醒了，我已經帶了他半天，剛剛有事下去一會兒，怎麼他就弄成這個樣子？」她看看麟兒有點好笑，隨後又抱着他到盥洗間去洗了一個臉。

「謝謝妳，小姐。」我向她感激地笑笑。

「別客氣，出門人遇到這種事情有什麼辦法？」她[illegible]向我同情地一笑。

經她這麼一說我又傷心地流淚了。

「太太，妳昨天夜晚該沒有吃什麼東西吧？」她懷疑地望着我，她以爲我服了毒。

我搖搖頭。

「妳先生呢?」她又問我。

「不知道。」我搖搖頭,我的眼淚沿着面頰往下流。

「他昨天不是和妳一道來的嗎?」她奇怪地望着我。

「他不是。」我又搖頭。

「哦,」他哦了一聲,又接着問:「那他是你的什麼人呢?」

「他是我先生的部屬。」

「妳先生呢?」

「他在徐州。」

「徐州?」她叫了起來。

「嗯,」我點點頭:「現在我也不知道他怎樣了?」

「他是軍人?」她望着我問。

我又點點頭,她的臉上馬上掠過一道陰影。

「這小弟弟眞可愛。」過了一會之後,她搭訕地指指孩子。

「就像他爸爸。」我望了孩子一眼說。

「假如他爸爸不是軍人就好了。」她惋惜地說。

我不知道她這句話是對是錯？

「哦，太太，我還忘記了叫妳吃藥。」她看見我默不作聲，忽然想起了桌上的藥，她用手指給我看。

我看見桌上有一瓶藥水，一袋藥粉，我慢慢地走過去看，是兩日的份量，註明四小時服一次。

「請問現在幾點？」我的錶停了，我不知道現在是什麼時間？

「剛好兩點。」她看看錶說。

我把錶上足了發條，撥到兩點，然後我吃了一包藥粉，喝了一格藥水。

「請問醫藥費一共多少錢？」我問她。

「我不清楚，」她笑着搖搖頭：「帳房知道。」

「請妳轉告帳房一聲，一切費用我會付清的。」我怕他們看不起我，躭心我付不出錢，特別先關照她。

「好的，」她向我一笑：「請問妳還要住多久？」

「不一定，」我說：「最少總得十天八天。」

「你先生的部下會回來？」

「我正等着他回來。」

「他到那裡去了？」

「他去打聽我先生的下落。」

「希望他能找到妳先生。」她深深地望着我。

「謝謝妳的好心。」我向她點頭致謝。

「妳需要吃點什麼嗎？」她關心地問我。

「不，謝謝。」我一點也不覺得餓。

「如果有什麼事情，請妳隨時按鈴叫我。」她把麟兒遞給我說：「現在我要下去看看。」

「妳請便。」我向她點點頭。

她走後我又躺上床去睡，我把麟兒緊緊地摟在懷裡，我的眼淚不能自己地往外流。

第二十二章 算命看相問凶吉 東奔西走探死生

第二天我的燒才慢慢退清，但是一身軟弱得很，我照照鏡子，發覺我眼眶下陷，兩眼無光，面色憔悴，我幾乎不認識我自己了。

前天寫的家信還沒有發出去，我重新看看，覺得內容過於平淡，沒有表達我眞正的情感，尤其是最後一句：「我的身體很好」簡直是欺騙，我是否應該把我的眞實情況告訴他們呢？不告訴他們嗎？我心裡實在悶得難過，我希望他們替我分擔一點痛苦；告訴他們嗎？假如他們知道我在外面生病，孤苦伶仃，那又會發生怎樣的後果呢？也許他們會憂慮成疾，也許父親會馬上趕來接我回去？我自己已經弄到這種地步，我還忍心讓他們再受折磨嗎？因此我一句話也沒有加上去，就把它交給服務生代發了。

由於這一病我的奶水完全乾了，麟兒只能吃稀飯豆漿，我自己也只能吃流質東西，乾飯實在吃不下去。

張特務長走後還沒有[redacted]一點消息[redacted]，我只好看報，但報紙上都是壞消息，參加徐州會戰的國軍（部隊）突圍出來的很少，不是報導某軍長失蹤，就是說某師長被俘，師長以下提也不提，對方更大吹大擂誇耀勝利，[redacted]而且舉出了統計數字，就是沒有發表姓名，不論是被俘或是殉國，也總算有個下落，現在卻什麼也不知道。這眞叫人鬧得發慌。另外還有一個消息，說是北平正在醞釀「局部和平」，某些「和平人士」正在双方奔走，我不知道「局部和平」是否就是佔領北平的代名詞？假如是這樣的話，那我眞是進退失據，前途不堪設想了。

人在失去自信心時會相信神，相信命運，我從來不求神問佛，也不看相算命，但這次我對自己完全失去了信心，我像一葉孤舟在大海中漂流，我不知道那兒有島嶼？那兒有陸地？那兒有避風的港灣？我希望有人給我指點，但是在上海我沒有一個熟人，也沒有誰關心我的命運，我找誰呢？我只好請教命相家了。

上海的命相家很多，我不知道那一位高明？我在大中華旅館找到了一位命相先生，這人看上去有五十多歲，眉清目秀，長袍大褂，像個恂恂儒者，案頭點着一柱香，氤氳繚繞，使人肅然起敬。

他一看就知道我是爲什麼來的。他招呼我坐下之後就問我是看相還是算命？或是命相合參？我問清楚命相潤例之後就對他說：

「算命。」

「好的，妳報個生辰八字。」他邊取筆邊鋪紙說。

我隨即告訴了他。

他寫下之後又問我：

「男命？女命？」

「男命。」我說。

於是他開始推算，推到半途忽然抓抓頭皮，又翻翻曆書，弄了半天才弄好。

「這是妳什麼人？」他放下筆來望着我說。

「是我先生。」我向他點點頭。

「他是幹什麼的？」他又問我。

「軍人。」我簡單地回答。

「大險！大險！」他五指在桌上一拍。

我幾乎跳了起來，我惶恐地問我：

「先生，他現在不礙事吧？」

「有麻煩。」他沉重地說。

「先生，請您照實講。」我幾乎是懇求他。

「他今年實足年齡是二十八歲，又逢交運脫運，加上流年不利，主見刀兵，這是一大難關。」他望了我一眼又接着說下去：「不過，他命帶長生又多貴人扶助，照理應該是有驚無險，可以死裡逃生，而且前程遠大，官印相生，是爲貴格，命倒不壞。」

他後面這些話又使我心情爲之一鬆。但我只希望他能活着，管他什麼貴格賤格。

「先生，照您說他現在還沒有死？」我很吃力地說出一個「死」字，心裡有無限內疚，我生怕犯了咒。

「有救，有救。」他望着我說：「不過最好是和妳的八字配合算算看，查查你們的婚姻是否有刑尅？」

這時我眞有點騎虎難下，我所希望的是水落石出，不是模稜兩可，我只好把我出生的年月日時告訴他。

他又聚精會神地推算，推算完畢又仔細地看看我的面相，最後又要我伸出右手來給他看。

「妳兩耳輪廓分明，長大厚實，加之天庭高廣，主出身高貴，祖德深厚，不過就是有點尅夫。」

「尅夫？」我驚叫起來。

「幸好你先生比妳大六歲，而且他也有點尅妻。」她馬上接着說。

「他尅妻？」我又驚叫起來，我的頭腦都脹大了，這樣說不是他死就是我死，這個命還有什麼算的呢？

「不要急，」他向我一笑：「不要緊，你們兩人正是旗鼓相當，誰也損不了誰。」

聽他這一說我又像吃了一顆定心丸。他又繼續說下去：

「照妳的手相來看，妳十指纖纖，掌紋似錦，智慧線特長，主人聰明絕頂，但妳的情感線衝破，所以婚姻難免波折。」

「先生，除非我丈夫死亡，我想我們的婚姻不會發生變化。」我不滿意他胡說八道，我鄭重地提醒他。

「這就難說了。」他向我世故地一笑。

他這一笑又使我疑神疑鬼，忐忑不安，我既然化了錢來請教他，我總不能就這樣走，因此我又問他。

「難道我們的八字不合嗎？」我和鐵軍婚前沒有合過八字，不知道究竟怎樣？

「照理你們可以同偕到老，不過中間[redacted]有點[redacted]。」他[redacted]地抓抓頭皮。

「我和我丈夫的情感很好。」我馬上提示他。

「以你們的命相而論，双方都很重情感，誰也不是負心人，」他望着我說：「不過在這種亂世，有很多事情不能以常理來推測。」

他越說越使我的心情紊亂，我眞有點懊悔我不該來，我連忙付過[redacted]起身告辭了。

他很客氣地把我送到房門口，還抱歉地[redacted]說：

「在這種亂世一切都很難[redacted]測，但願我說的不靈，希望妳相信自己。」

在命相家那兒我仍然沒有得到一個結果，他並沒有告訴我鐵軍的下落，反而引起我無謂的煩惱。

時局仍然繼續壞下去，張特務長[redacted]沒有回來，我等得實在心焦，我想回北平去，但又怕張特務長回來撲空，鐵軍的生死也未確定，怎麼就這樣回去？加之近日來北平「局部和平」的消息傳說更甚，我也不敢貿然回去，再說我帶一個一歲多的孩子，還有行李，我一個人也沒有這個勇氣單獨行動，一想到這兒我就覺得張特務長對我實在太重要了。

張特務長走後的第十天，我收到了他在南京發出的一封信：

太太：

我眞抱歉，我在南京跑了這麼多天還沒有打聽出連長的下落，我也到國防部去過，請問過作戰情報兩部門的參謀，他們知道我的身份之後，就告訴我，說徐州失守後就和我們的師部失去了聯絡，我們一連人的情形如何他們就更不知道了。不過他們又告訴我，這次參加徐州會戰的部隊，以我們這一師人打得最好，也最後失去聯絡，據他們的判斷，我們這一師的實力還相當完整，還沒有喪失戰鬥力，雖然在包圍圈內，但仍然有突圍的可能。最近兩天已經有些零星的部隊突圍出來，向蚌埠集中，我想在那邊也許可以探聽到一點消息，因此我決定去蚌埠一趟，在那邊我希望能夠打聽出連長的下落，如果有好消息，我會打電報來，請太太千萬放心，不要憂傷。

張四維上

看了張特務長的信我得到不少的安慰，他這樣忠心耿耿，熱忱服務，實在難得，鐵軍能用到這種部屬、可以想到他的部隊不比尋常了。

接到張特務長的信的第二天我又接到父親的信，父親的筆力仍然那麼蒼勁，一看到父親的字我就像見到了父親的本人，我小時他曾經教我練字的方法，我的字雖然寫得不算好，總還有點骨架，這完全是父親的賜予。

「芬兒：」父親開頭這樣寫，這是父親二十多年來對我的稱呼，這裡面充滿了父愛，平常我只要聽到他這樣叫我，我就滿心快樂，我覺得我還是三歲的孩子。現在他這樣寫在紙上，我也彷彿聽見他的聲音，我心裡也感覺一陣快樂，但我的眼裡有淚。

「妳的信收到了，我和妳母親都很高興妳平安抵達上海。這次徐州失守得這麼快眞出人意料之外，鐵軍的安全我們也很躭心，希望張特務長能打聽出他的下落來。

不過不管怎樣妳不要過度憂傷，應該達觀一點，要注意自己和麟兒的健康。

徐州的失守對北方的影響比對南方的影響也許更大，現在北平的「和平人士」已經在日夜奔走了，我看北平也許不久又要變色。

芬兒：不管時局怎樣變化，我還是我，北平還是北平，我愛北平，我生在北平，也願意死在北平，我決定不走。

如果找到了鐵軍那自然最好，如果找不到鐵軍，希望妳仍然回來，張特務長能送更佳，不能送妳可以先打電報來，我會來接。餘不贅，望自珍重。

父字」

父親的信給予我不少溫暖，却也證實了北平確實在醞釀「局部和平」，這又增加了我的不安，我究竟應該怎樣自處呢？我希望張特務長快點回來，好讓我有個選擇。

第二十三章 登啟事淑芬尋夫 同撤退四維作伴

張特務長終於回來了，他在外面跑了將近二十天，帶着一身疲倦回來了。

他瘦了一些，眼睛裡面佈滿了血絲，頭髮也好久沒理，看他這樣子我心裡很抱歉。

「眞對不起，把你累成這個樣子。」我忍住心裡的焦急，先向他表示歉意。

「太太，我眞抱歉。」他也向我表示歉意，我的心馬上冷了半截。

「沒有一點消息？」沉默半天之後我才問他。

「在南京的情形我已經報告過您了。」他緩慢地說。

「到蚌埠以後怎樣呢？」我接着問。

「頭幾天也沒有什麼消息，後來我到處打聽，跑遍了城裡的會館和附近鄉村的祠堂廟宇，找到了幾個從徐州突圍下來的部隊，但都沒有打聽出一個所以然來。」他說到這兒就停頓下來了。

「那是很少希望了？」我頹喪地望着他變得有點瘦長的臉說。

「不，」他搖搖頭又接着說：「大前天我在蚌埠街上碰到了我們師部通訊連的一位王排長。」

「他怎麼能出來？」我幾乎驚叫起來。

「他們幹通訊的消息比較靈通。」他向我一笑。

「他是不是事先逃跑？」我懷疑他臨陣脫逃。

「那倒不是。」他又搖搖頭。

「那就怪了。」他能出來鐵軍爲什麼不能出來呢？這不很怪嗎？

「這也不怪，」他平淡地說：「他知道戰場情況和敵我位置，他在最危急的時候率領了一排人突圍，但他們不是戰鬪連，武器裝備和作戰經驗都比較差，所以雖能僥倖地衝了出來，但並沒有救住幾個人。」

「他眞幸運。」我口裡這樣說，心裡實在有點妒忌，爲什麼鐵軍沒有他這麼幸運呢?

「他是五個死裡逃生的幸運者之一。」

「其他的人呢?」

「都散了。」

「他知道鐵軍的下落嗎?」我關心地問。

「他說他突圍之前和連長還有通訊聯絡。」

「鐵軍怎樣?」

「他說連長還救住了兩排人。」

「那很不容易。」

「的確不簡單。」

「他不想突圍嗎?」

「他說連長正找機會。」

「他們距離多遠?」

「三四里路。」

「那他們為什麼不一道突圍?」我有點奇怪。
「因爲情況非常緊急，部隊不能取得聯繫。」
「那他們就是這樣失掉聯絡了?」我失望地望着他。
「王排長還告訴了連長敵我位置和應該突圍的方向。」
「那他怎麼還沒有出來呢?」
「也許中途發生變化?也許逃到別的地方去了?」
「你沒有再進一步打聽?」我盯着他問。
「我又在蚌埠停留了兩三天，沒有得到更進一步的消息，實在抱歉。」他慢慢地垂下頭來。
「不，你已經盡了你最大的力量了。」我連忙安慰他。
「但我沒有達成任務。」他抱歉地望着我。
「這怎麼能怪你?這好比海底撈針。」
「眞想不到老天這樣作弄人?。」他拍了一下大腿，嘴裡埋怨起來。
「這不但作弄了我們，還連累了你。」我覺得他為了我們的私事受了這麼多波折，心裡眞有點不過意。

「但願連長最近能出來。」

「不然我也只好回去。」

「聽說北平也有點不穩。」

我點點頭，我告訴他父親的信上也提到了這件事。

「那您還要多考慮一下才好。」他鄭重地說。

「但是鐵軍沒有下落我老躭在上海總不是辦法。」

「現在還沒有絕望，不妨等等再看。」

「那你怎麼辦呢？」我爲他的出路躭心，他和自己的部隊失去了聯絡，今後怎麼辦呢？他不能老跟着我呀。

「我想在上海加入其他的部隊。」他說。

「可能嗎？」

「現在部隊都缺人，大概沒有問題。」

「假如有困難，那我們一道回北平好了。」我安慰他，這也是我唯一能報答他的辦法，他在我們家裡吃住是不成問題的。

「我想不必。」他搖搖頭。

「那等你加入別的部隊後我一個人回去。」

「我看不必性急，也許連長短期內會有下落，不妨再等一個時期，我在上海可以就近照顧。」他老成地說。

「長久住在旅館裡總不是辦法？」我覺得我的錢有限，這樣住下去不能維持很久。

「我會替您想辦法。」

「假如一個月之內鐵軍再無下落，那我也只好回去。」

「這樣也好。」他點點頭：「不過目前我們還得加緊打聽。」

「我想在報紙上登兩天啓事？」我忽然想起了這個辦法。

「對。」他連忙點頭：「最好明天見報，南京的報紙也要登一兩家才好。」

我同意他的看法，立刻撰寫啓事文稿，一共寫了四份，寫完之後我拿了一份給張特務長校正，我自己也一邊看一邊默唸：

許鐵軍夫君鑒：

妻抵達上海時適値徐州失守之日兩地相思無法團圓實深遺憾張特務長曾親至南京蚌埠探聽吾夫下落迄無結果見報後請卽至上海蘇州河江西路口新月旅社相會爲盼往日袍澤如有知其下落者務請示知至深銘感

妻朱淑芬謹啓

「希望連長能够看到。」他看完之後誠惶誠恐地說。

「現在也只有這一線希望了！」我望着啓事稿深深地嘆了一口氣。

第三天上海南京四家大報第一版都赫然列登了我這則啓事，我望着報紙上的紅色標題字說不出是興奮還是悲愴？我覺得手在顫抖，心在跳動，我把我的全部希望都寄托在這則啓事上面，我希望有奇蹟出現。

我在旅社耐心地等着，一天兩天過去了，鐵軍沒有消息，一星期兩星期過去了，鐵軍還是沒有消息，我感到萬分失望。我正準備登記飛機票早點趕回家去，可是突然一個晴天霹靂：北平局部和平了！飛機也取銷了這條航線。

這個壞消息使我痛哭了一個夜晚，我傷心透了，我完全失去了生存的勇氣，假如不是麟兒的牽累，我眞想跳進渾濁的黃浦江馬上結束自己的生命。

「太太，事情已經到了這種地步，哭也無益。」張特務長安慰我說。

「你叫我怎麼辦？我一個人帶着孩子在上海無親無故。」我望着他又哭了起來。

「太太不必躭心，我決定繼續幫助您。」他誠懇地對我說：「我想最好遷出旅社，節省開支，作久遠一點的打算。」

「遷出旅社？」我奇怪地望着他：「我總不能住露天。」

「不會，」他自信地搖搖頭：「我們倉庫裡還有空房子，我只要把妳的情形報告庫長，他一定會同情妳的遭遇，借間把房子給妳住。」

他是上個星期三由一個中學時代的老同學，替他在一個後勤單位的倉庫裡找到一個文書工作，到差才五天，他看到北平局部和平的消息之後才抽空來看我的。

「恐怕不可能，」我搖搖頭說：「而且我住在那邊也沒有什麼意義。」

「我會盡力請求，」他向我拍胸保證：「住在那邊也許不很舒服，但我可以就近照顧，同時也可以繼續打聽連長的消息，說不定妳和連長還能相會？」

「張特務長，我非常感激你的盛意，」我望着他說：「連長也許已經遭遇危險，恐怕沒有什麼希望了。」我又哭了起來。

「沒有得到可靠的消息之前，不能說已經絕望，軍隊裡的事很難說，以前有人說我陣亡了，但我現在還活着，當時不過負了一點傷。」他現身說法地安慰我，鼓勵我。

「眞有這樣的事？」我懷疑地望着他。

「我怎麼會騙您？」他立刻扯起褲脚露出大腿上一塊傷疤笑着說：「還有人死過好幾次，最後還是活着。」

我不禁噗哧一笑，我以爲他是故意開玩笑，但他接着擧出了兩個例子，證明確有其事，使我不能不信。我想也只有軍隊才有這種怪事，自然我也希望鐵軍未死。

「照你這樣說我也只好在上海等了。」我感激地望着他。

「最少還沒有絕望。」他笑着點點頭。

第二天我把我的地址交給帳房，並拜託他們如果有我的信請代收轉，如果有人找我請他到我那邊去，一切交代妥當之後我就遷出了旅社，搬到楊樹浦張特務長倉庫附近的一間空房間去住。

房間事前由張特務長替我打掃好了，他還替我借了一張木板床，和簡單的傢俱，我搬來之後他又替我料理雜務，買了一些鍋盌之類的日常用品，一切料理停當之後他又帶我去看庫長。庫長是一個五十多歲的中校，人很溫和平實，他非常同情我的遭遇，並稱讚張特務長的忠實，他叫我安心住下去，我自然非常感激。

我自離家以來張特務長對我的幫助很大，他忠心耿耿，始終如一，這次又爲我解決了這麼一個大問題，我眞不知道應該怎樣說好？

「張特務長，我眞謝謝你的幫助。」事後我期期艾艾地說。

「太太，別說這些話，連長一向對我很好，他把這個責任交給我，我就要承擔起來。」

「可是這是我們的私事。」

「因爲連長能這樣信任我，所以我更不能馬虎。」

「像你這樣忠實的人實在很少。」

「我只是求其心安，這是我做人做事的一貫態度，不然我也活不到現在。」

「好心自有好報。」

「這次連長派我來接您，對我未嘗沒有好處，不然我一定陷在徐州，甚至死在徐州，怎麼會安全地住在這裡呢？」

「這眞難說，」我嘆了一口氣：「假如我們早到徐州，那後果也不堪設想。」

「不知道徐州那些眷屬出來沒有？」他也有點躭心。

「誰知道？」我茫然地望着他。

「照理該沒有問題，」他推測地說：「徐州到南京的交通這麼方便，戰事一爆發她們就可以乘車南下的。」

「不管怎樣，這一定增加了不少孤兒寡婦。」我黯然地說。

「戰爭就是這麼一回事。」他也嘆了一口氣。

「我就是一個現成的例子。」我說。

「或者不至於。」他又安慰我。

我在這兒住定之後一切都還方便，張特務長一下班就來看我和麟兒，替我做些雜事，他的同事們也都很同情我，偶爾也過來玩玩，因此生活還不太寂寞。不過家裡一直沒有消息，父親母親的處境怎樣完全不得而知，鐵軍也如石沉大海，不見人影也不見信來。爲了父母和丈夫的安全，我常常在夜靜更深時痛哭，有時會從夢中哭醒過來，每天早晨我起床的時候總會發現枕上有斑斑的淚痕，我也不知道我怎麼會有這麼多的眼淚？

時局是一天天壞下去，國軍一天天後退，地方丟了很多，上海戰爭的砲聲也響了。為了我們母子的安全，為了對鐵軍還存萬一的希望，為了張特務長和他同事的好意，我終於抱着麟兒擠上了他們開向台灣的撤退船隻。這是民國卅八年五月的事，麟兒也會走路了。

在船上張特務長仍然小心照顧我們，因為我們坐的是海軍登陸艇，自然沒有商船舒服，大家擠在一塊，沒有床位，在坦克艙裡把行李打開舖上就算是床位，各人佔據一塊小地方，勉強可以容身而已，這和我從塘沽到上海的情形完全不同了。

「太太，這次妳和小弟弟可受委屈了。」他向我抱歉地說。

「不，這點地方已經很不容易，這完全是你的大力。」我感激地說。

「您還記得上次同船的那位太太嗎？」他笑着問我。

「怎麼不記得？」我笑着點點頭。

「不知道她在不在台灣？」

「可能早把工廠搬去了。」

「他們確實很有遠見。」他贊賞地說。

「不知道台灣保不保險？」我就心地問。

「隔一道海總要安全得多，何況[redacted]沒有海軍。」他的眼睛閃亮了一下。

「事實上到台灣之後也再也沒有地方可走了。」我輕輕地嘆了一口氣。

「撤到台灣去的單位很多，聽說中央銀行的黃金早就運到台灣去了。」

「打仗要錢，[redacted]自然要先作準備。」我臨走時爸爸還給我二十兩黃金以防萬一，政府的開支這麼大，沒有錢怎麼行？那能維持到現在？一想身邊日漸減少的黃金，我簡直不寒而慄。

「不知道台灣的情形怎樣？」他又調轉話題。

我茫然地搖搖頭，台灣對於我毫無印象。

「假如能在台灣會到連長那就好了。」他異想天開地一笑。

「那有那樣的巧事？」我笑着搖搖頭。

「也說不定，」他對我說的話持保留態度：「現在[redacted]軍正向南撤退，假如連長突圍之後不脫離部隊，一定會跟着大軍向南撤，萬一大陸[redacted]全部淪陷，他不到台灣又有什麼地方可走？」

「鐵軍現在在不在都很難說？」我判斷鐵軍不是陣亡就是被俘，突圍的可能性不大，不然怎麼一直沒有消息呢？難道他看不到報紙？他的袍澤們也看不到報紙？

「我覺得還沒有完全絕望。」他仍然堅持他的看法。

「那他應該看到報紙。」我大聲地說。

他笑了起來，邊笑邊說：

「太太，您不瞭解軍隊的情況，別說看不到報紙，喝不到水吃不到飯也是常事。」

他的話又使我迷亂起來，軍隊眞是這麼傳奇嗎？眞是這麼難於理解嗎？同時也給予我一點空虛的安慰，假如他的推測不錯，假如我眞的能和鐵軍團圓，就是再吃千辛萬苦我也心甘情願。

第二十四章 感激心恩恩愛愛 說夢話我我鄉鄉

三天之後我們在高雄上岸了。

這個城市完全不像我們內地的城市，那光滑的，高高的，大葉子的椰子樹，在內地我沒有看見過，台灣人的服裝也和我們不同，上衣很短，女人都穿花布裙子，最奇怪的是幾乎每人都踏着一双木拖板，他們的話我一句也聽不懂，我對這個城市完全陌生。

由於張特務長的關係，我又住進他們單位裡一個簡陋的小房間，他的同事們對我並不歧視，這使我非常感激。

雖然我們到台灣，但我們並沒有安全的感覺，不久上海也失守了，西南也岌岌可危，從大陸上逃到台灣的人一天天增多，大家都很狼狽。

張特務長和我仍然到處打聽鐵軍的消息，但是眞如海底撈針，毫無頭緒。各方面都紊亂得很，從大陸[redacted]來的人都垂頭喪氣，各人只關心他自己的切身問題，正如我只關心鐵軍的下落和我自己的生活一樣。

日子一天天地拖過去，大陸上的地方也一天天地丟，最後終於全部丟光了，只剩沿海幾個島嶼。

這時人心更加浮動，大陸上來的人簡直惶惶不可終日。

雖然整個大陸都丟了，凡是來台灣的人也都來了，可是偏偏打聽不到鐵軍的消息，我簡直完全絕望了。

「完了！一切都完了！」我終於流下絕望的眼淚。

張特務長痛苦地望着我，說不出一句安慰的話。

「眞想不到老天不從人願。」他也搖頭嘆氣。

不但和鐵軍團圓的希望像肥皂泡樣地破滅了，我帶來的錢也統統用光了，起先我還偷偷地拿了手錶和幾件比較値錢的衣服去賣去當，勉强維持了一兩個月，後來只剩下兩件不可缺少的衣服，我再也不忍心賣掉，我也曾考慮到找工作做，並且毛遂自荐地寫了好幾封求職信出去，但都被婉詞拒絕了，作下女我不行，而且麟兒又小，不能完全沒有人照顧，可是我又不願意求助於張特務長，我麻煩他已經够了，他自己也很苦，我怎麼好意思開口向他借？

一天上午我眞的斷炊了，這是我有生以來的第一次。

我關着門在房子裡哭泣，也不讓麟兒出去，我生怕別人知道。到下午一點鐘，我和麟兒都沒吃一點東西，我的肚子餓得咕咕叫，麟兒餓得又哭又鬧，爲了不讓他鬧，我把奶頭塞進他的嘴裡，但奶水早已乾枯，他吸不出什麼，氣得更哭更鬧，我怕別人聽見，我把他緊緊摟住，硬把奶頭塞進他嘴裡去，使他哭不出來，起初他還用力掙扎，把奶頭擺來擺去，想擺脫它，但他的力量還小，擺了半天擺不掉，他氣得用力一咬，奶頭幾乎被他咬掉，我痛得叫了起來，我在他屁股上重重地打了幾下，他更大哭起來，我眞恨不得一頭在牆上撞死。

忽然我聽見敲門的聲音，我馬上擦乾眼淚，麟兒也驚奇地停止哭叫。

「是誰？」我的聲音有點顫抖。

「我。」張特務長在外面回答。

「有什麼事嗎？」我問。

「我來看看，」他說：「怎麼還沒有開門？」

「我不舒服。」我故意扯謊。

「要不要我去請醫官。」

「不必。」

「小弟弟呢？」

我沒有作聲，麟兒聽見叫他又哭了起來，嘴裡還嚷着：

「我餓，我餓！」

「太太，請您開門。」他在外面催促。

我不知道怎樣才好？我的眼淚又流出來，我仍然對他說：

「我不舒服。」

但是麟兒又嚷：

「我餓，我餓！」

「太太，開門，開門！」他急了起來。

我正預備起來開門，但他已經把門推開，他連忙把麟兒抱了起來，又伸手在爐子上揭開鍋蓋，看看裡面是空的，竟張着嘴發呆，隨後又在床角落發現了空空的米袋，他彎着腰把它拾了起來，站在我的面前直瞪瞪的望着我說：

「太太，您這是何苦？」

我連忙背轉身來伏在床上哭泣，他馬上抱着麟兒拿着米袋出去，不久提了一袋米和一掛香蕉回來，麟兒的手上還拿着一根香蕉，一個包子，又吃又笑，張特務長一把他放在地上他馬上跑到我身邊來，還遞給我一根香蕉：

「媽媽，吃，吃。」

我的眼淚又奪眶而出，我抱着他大哭起來。

張特務長也很難過，他低着頭替我淘米生火，料理妥當之後他又掏出一疊鈔票放在桌上瞪着我說：

「太太，以後無論有什麼困難請先對我講，不要懸在心裡。」

說過之後他就悄悄地走了，望着他穩重的背影我又慚愧又感激。

以後我的生活全靠他接濟，我心裡非常不安。

一天我又病了，像在上海那次一樣發高燒，他請了一位醫官來替我診治，開了兩天的藥，沒有打針，因此燒退得很慢，第二天夜晚還沒有退清。

「太太，今天好些嗎？」他站在我的床前輕輕地問。

在病中我的感情非常脆弱，我的眼淚流了下來，我望着他輕輕地說：

「請別叫我太太。」

他默默地望着我，沒有作聲，我指着床沿叫他坐下，他遲疑了一下終於坐了下來。

「我本來希望會到鐵軍，但現在完全絕望了。」我痛苦地說：「你對我的幫助太多，我眞不知道應該怎樣感激？」

「不要介意。」他搖搖頭。

「麟兒這麼小，以後日子還長，我怎麼好長久累你？」

「只要我有力量，我願意盡這個義務。」

「你不要任何報酬？」我望着他說。

「我從來沒有這樣想過。」他向我搖搖頭。

「你眞是一個好人。」

「我不願意虧心。」

「假如我誠心給你報酬，你覺得虧心嗎？」

他沒有回答，困難地搓手搓脚。

「你願意繼鐵軍負起這個責任嗎？」

「我願意盡我的力量，」他點點頭說，他有負起責任的勇氣，但對我又有點自卑感：「但我不配亨受他的權利。」

「你覺得對鐵軍不起？」

「假如他在，我的良心不安。」他紅着臉說。

「假如他在我的心也不會死。」我的眼淚流了出來。

「您是否已經死心？」他審愼地問我。

「我已經絕望，我只能好好地撫養他的孩子，但是以後的日子太長，我單獨負不起這個責任。」

「我願意協助妳。」他略微俯下身子輕輕地向我說。

「我很感謝。」我向他感激地一笑。

他紅着臉望着我，我把手伸給他，他先輕輕地握着，漸漸地他的手在微微顫抖，忽然一股男性的熱力透過我的手心，他終於低下頭來擁着我狂吻。

我的心情非常複雜矛盾，我的眼淚不能自已地往外流。

終於，我把我的身體報答了他，這是我們女人最後的方法。

「妳不後悔？」他輕輕地問我。

「但願沒有使我後悔的因素。」我覺得有點對鐵軍不住，但是我怎樣也找不到他，事已至此，我實在沒有更好的辦法。

「妳不覺得委屈嗎？」他望着我說，他還沒有完全解除自卑感。

「我不這樣想。」我向他搖搖頭。

「我希望我能盡到做丈夫的責任。」他輕輕地撫摩着我的頭髮。

「只要你能愛護麟兒我就非常高興。」我說出我的希望。

「不必躭心。」他在我臉上輕輕一吻。

「假如以後我們生了孩子，你是否能愛他?」我又提醒他一句。

「決不變心。」他用力點點頭。

「那我願意作一個好妻子。」我向他一笑。他立刻給我一陣熱吻，我彷彿得到一個有力的保證。

爲了各種方便，第二天他就向區公所報了戶口。雖然我們沒有舉行任何儀式，但我在戶籍上却是他的妻子，麟兒也變成他的兒子。

爲了麟兒的姓氏問題，事先我曾和他發生爭執，我說麟兒無論如何不能改姓，這樣我就對不住鐵軍。他說如果不讓麟兒跟他姓張，就享受不到眷屬的權利，而且對孩子在心理上也是一個刺激，現在他還不懂事，姓張姓許都無所謂，假如將來大了一點，因爲姓氏的不同，可能激起孩子的自卑感和對我的輕視，甚至會引起我們母子之間和將來他與弟妹之間的不愉快。我為了顧全大家的幸福，只好由他這麼辦，但我還是為孩子留了一點餘地，我鄭重地對他說：

「假如日後麟兒大了，他知道了全部事實，他願意姓許，你應該准許他恢復原姓。」

「這沒有問題，只要他自己願意。」他滿口答應。

「你不怕任何痲煩？」我又提醒他一句。

「為了妳和麟兒我願意負起一切責任。」他向我一笑，又在我臉上輕輕一吻。

就這樣我們正式開始同居，但在戶籍上我們是夫妻。不然沒有「軍眷」待遇

他的同事對於我們這種事實也都予以善意的默認，他們認為也再沒有更好的辦法。

雖然我和鐵軍結束了夫妻關係，和四維開始了新的婚姻生活，可是我一時仍然忘不了鐵軍。

一天夜晚我做了一個夢，我夢見鐵軍仍然和我在北平家裡過着卿卿我我的新婚生活，我嘴裡輕輕地喊他的名字，我從夢中快樂地笑醒過來，但睜開眼睛一看，擁抱着我的却是四維，他大概被我的夢囈和笑聲吵醒，也瞪大眼睛看我，這使我們兩人都非常尷尬

。

「妳仍然忘不了他?」他無可奈何地望着我，臉色十分狼狽難堪，擁抱着我的双手自然地鬆弛下來。

「啊，請原諒我，剛才我做了一個夢。」我圍着他的頸項，坦白地說，我的眼淚湧了出來。

他半天不作聲，默默地望着我，最後深深地嘆了一口氣：

「這也不能怪妳。」

「希望這不要影響我們的情緒。」我心裡很不安，我覺得我已經褻瀆了鐵軍，現在我更怕刺激了四維，我忘不了過去的愛情，也不願刺傷現在的恩情，我心裡實在矛盾。

「我瞭解妳的心理。」他深深地說，一双溫柔敦厚的眼睛像已看透了我的靈魂，不過眼光並不刺人，但我還是迅速地閉起眼睛，馬上把頭埋進他的懷裡，我不敢看他，我有點慚愧，我付給他的是一個女人的全部感激，並不是全部愛情，我聽見他的心在匀均的跳動，又聽見他寬容的話語：「我不强迫妳把他忘記。」

「慢慢地我會忘記。」我抬起頭來望着他說。

「這完全在妳。」他向我寬容地一笑，不過笑得有點慘淡：「我決不強迫。」

「那麼請你原諒。」我兩眼望着他。

他寬容地點點頭。

「沒有別的表示嗎？」我向他淒涼地一笑。

於是他報給我一個短促而熱烈的擁吻。

此後我雖極力避免想起鐵軍，但鐵軍的影子仍然不時在我腦中晃來晃去。四維在我身邊時他自然隱退，四維一離開他又隨之浮現，使我精神痛苦不安，尤其是麟兒越大越像他，他簡直是他爸爸的替身！每當我和四維同床共枕的時候，一瞥見他我心裡自然感到一陣羞愧。為了解除這種心理上的威脅，我仿效西洋人的辦法，讓麟兒單獨睡，起初他很不願意，常常睡到半夜又吵着要我，幸好不久就養成了獨睡的習慣，不再吵鬧了。

四維對我和孩子都好，完全像一個丈夫和父親，麟兒不知道自己還有爸爸，他把四維當作自己的爸爸，鐵軍在他的小腦袋裡沒有一點印象，這使四維心裡很高興，我心裡卻有一種說不出的隱痛。

台灣的情形似乎在漸漸好轉，我也像很多人一樣，渾渾噩噩地過日子，我們生活雖然很苦，但還安定，由於生活的日趨安定，我和四維也間或去光復戲院看場電影，或是到愛河旁邊散散步，別人是双双對對，我們也是双双對對，他有了我感到人生的幸福，我有了他也解除了寂寞和空虛，我不再感到徬徨無依的痛苦，就是再有什麼風風雨雨我也不是孤立的，我又產生了一種安全感。

由於生活的安定，我的身體也漸漸復原，我不再像離家以後那段憂慮日子中那樣面黃肌瘦，現在我幾乎達到了生產麟兒以後那兩三個月中的健康標準。

「芬，我現在才發覺妳眞美。」一天夜晚在愛河的燈光掩映下四維突然這樣對我說，他臉上有一道幸福的光彩。

我聽了他的話心裡暗暗一驚，我驀地記起鐵軍在我生產滿月之後的一天夜晚曾在燈光下對我說過：「芬，妳現在比從前更漂亮了」這句話。現在四維又說出了類似的話，雖然是出自兩個人的口，我却覺得像是鐵軍一個人說的，四維不過是考貝一番，但他這句話仍然給予我一種滿足。

「這沒有什麼意義。」我向他笑着搖搖頭。

「妳注意到有許多人羨慕我嗎？」他輕輕地說。

我向前後左右瞥了一眼，我發現樹蔭下，路燈下，有不少的眼睛集中在我們身上，男人的眼睛向他閃着一種妒忌的光芒。

「別相信那些眼睛，我是一個平凡的女人。」我說這話時心裡難免有點凄涼。

「別太輕視自己，妳給我帶來了榮譽和幸福。」他攬着我的腰說。

「這是你的看法，我可沒有這樣想過。」我平淡地說。

「假如人在福中不知福，那不是一個蠢材就是一個貪得無饜的傢伙。」他感慨地說。

「你屬於那一種？」我笑着問他。

「我不屬於這兩種。」他也向我一笑，同時把我的腰攬得更緊，又歪過頭來在我耳邊輕輕地說：「我很知足。」

聽了他的話我心裡也很高興，這證明他是一個老實可靠的人。但我還是笑着說了一句：

「你不求長進。」

「嘿！」他笑了起來，指着天上的星星望着我說：「妳難道要我上天摘星？」

「我要你水底撈月。」我笑着指着愛河中的一輪明月說。

「妳開玩笑？」他望了我一眼。

「你不敢下去？」我故意問他。

「妳願意我去冒險？」他愼重地反問我一句，身子並沒有動。我想假如是鐵軍他一定會縱身下去，最少也會做做樣子嚇唬嚇唬我。

「我不過是說着玩的。」我向他一笑，我知道他很穩重，假如他眞的冒險我也不會放手，鐵軍的勇敢好强已經使我吃够了苦頭。

五月的晚風吹在身上非常舒服，彷彿一隻柔軟的纖手在身上輕輕地撫摩，使人獲得一種感官上的滿足，我們並肩漫步也感到一種輕微的陶醉。

「我覺得我們應該有個孩子。」他忽然凝情地對我說。

「我們不是有了麟兒嗎。」我望着他說，我對於孩子並不十分渴望，我還怕一旦有了孩子他對麟兒的情感會漸漸淡漠起來，甚至我自己也會轉變，人是一種很奇怪的動物，有時自己也摸不淸自己。

「再多一個不是更好嗎？」他望着我笑。

「你急什麼？」我盯了他一眼。

「我們同居已經三個多月了。」他惶惑地說。

「人家結婚三年五載不生孩子也是常事。」我說。

「妳又不是沒有生過？」他奇怪地望着我。

我一時無話可說，我和鐵軍結婚以後很快地就有了麟兒，和他同居三個多月還沒有一點消息，我也不瞭解這是什麼道理？事實上我的身體很正常，尤其是最近一兩個月，我的健康達到了往日的標準。

「這種事情也很難說。」沉默了一會兒之後我才茫然地說。

「要不要請醫官檢查一下？」他惶惑地問我。

「別躭心這些閒事。」我搖搖頭，我對這件事並不在意。我內心有所顧忌，再說生多了孩子我們也養不活。

「妳不喜歡孩子？」他奇怪地望着我。

「不是不喜歡，」我又搖搖頭：「我的意思是不要强求。」

「我倒把它當作一件心事。」他認眞地說。

我很奇怪，男人怎麼都喜歡自己有個兒子？鐵軍以前向我談過這問題，現在四維又向我談到這問題，這究竟是人類的倫理觀念？還是一種虛榮心的滿足？我實在猜不透。

「日子還長，我又沒有四十五十。」我安慰他一句。

他聽見我這樣說，臉上又容光煥發起來，把我摟得很緊，幾乎使我透不過氣來。

「妳正像這夾竹桃的花兒一樣年輕美麗。」他指着路邊的夾竹桃笑着對我說。

有兒有女萬事足
恩情恩愛兩難分

第二十五章

終於我第二次懷孕了。但這次不是鐵軍的骨血，而是四維的後裔。

當我把這個消息告訴他時，他高興得不得了，他攀着我的肩膀問：

「眞的？」

「我還騙你？」我指着腹部說。

他立刻抱着我狂吻起來，比任何一次都吻得長久熱烈。

「你怎麼這樣高興？」我望着他那瘋瘋癲癲的樣子有點好笑。

「有了兒子不高興還要什麼才高興？」他笑着反問，圓圓的嘴巴笑得有點稚氣。

「你怎麼能斷定是男是女？」我駁他一句。

「不管是兒子還是女兒？總是我的。」

從他這句話裡我忽然發現人性的自私，對於兒女一點也不馬虎，任何東西都可以交換，只有兒女沒有人願意交換，每一個人都看重自己的骨血，這眞是一種奇怪的心理。因此我對麟兒將來的地位不禁暗暗躭心。

「不必小器，這不會是別人的。」我笑着說。

他又笑着吻了我一下，隨後又說：

「假如是別人的我可不答應妳。」

「你很自私。」我故意笑他。

「對任何事情我都不自私，對這種事情却不能不自私。」他正色地說。這又使我想起鐵軍同大表哥開玩笑時對麟兒姓氏問題的嚴肅態度，我想男人對任何事情都比女人慷慨，惟有對兒女却自私得令人難以理解。鐵軍如此，四維也如此。

「假如我不生，你又怎麼自私得起來？」我盯着他問。

「那是另一個問題。」他笑着說。

「生了孩子以後你對麟兒會不會變心？」我又問他這個問題。

「我不會食言。」他再度向我保證。這又使我稍稍放心。也只有把麟兒帶好，我對鐵軍的歉疚才能減稍減輕。

我這次懷孕沒有在家裡那樣舒服，在家裡我有林媽專門服侍我，還有母親噓寒問暖，現在得自己洗衣弄飯，自己照顧麟兒，營養也很差，一個月難見兩回葷腥，四維雖然也很關心我的健康，但他沒有力量，我自然不能怪他。

三個月以後，我的肚皮漸漸大了起來。四維為了體貼我，他不要我上街買菜，他每天起得很早，先把菜買了回來，弄好了泡飯再去上班，下班以後又抽空料理家事，甚至衣服也是他洗，他利用晚上空閒的時間把衣服洗好晾好，這確實減輕了我不少負擔。

他雖然這樣忙碌，但他沒有一句怨言，他的精神非常振奮，他一看見我和我日漸脹大的肚皮就喜上眉梢，有說有笑，他本來不像鐵軍那麼善於說笑，自從我有了孕之後他的話多了，臉上也時常掛着一絲微笑，走起路來又快又輕，完全不像一個整天勞累的人，無事的時候還愛哼幾句流行歌曲，不然就逗着麟兒說笑。

「麟兒，你看媽媽肚子裡是弟弟還是妹妹？」一天他指着我的大肚皮問麟兒。

「飯飯，飯飯。」麟兒天眞地笑着說。

麟兒這句話把他笑得從小櫈子上跌了下來，半天沒有爬起。我也好笑，麟兒却睜大眼睛不知道我們笑些什麼？

「麟兒，誰告訴你的？」他爬起之後又笑着問孩子。

「媽媽，媽媽。」麟兒指着我說。

「你媽媽直是個大飯桶。」他說着又大笑起來。

我也忍不住笑，四維見我笑又指着我說：

「妳怎麼欺騙孩子？」

「你叫我怎麼說？」我笑着問他。

「妳照實說好了。」

「那一輩子也說不清楚。」麟兒剛會說話不久就愛問東問西，每一個問題他都愛反覆地問，永遠扯不清楚，尤其是這種問題，我眞不好意思對他說起。

「妳告訴他是小弟弟不就得了？」

「他會問怎麼會有小弟弟的。」我忍住笑說：「你看這怎麼回答？」

他也不好意思地笑了起來。

「這孩子眞怪。」

「就像他爸爸一樣淘氣。」我笑着說。

他聽見我這樣說臉色馬上變了，顯得有點尷尬。我這才知道我已失言，我連忙用這句話來打岔：

「希望我肚子裡的小東西完全像你。」

他馬上向我一笑，我却迅速地背轉身來，我有點想哭。

他立刻走過來用双手搭着我的肩膀，又把我的頭攀過來向着他，他看見我的眼裡有淚，期期艾艾地問我：

「妳這是怎麼的？」

「請恕我剛才失言。」我輕輕地說，我的眼淚終於掉了下來。

「不，」他搖搖頭：「只怪我太沒有涵養。」

「別談這些事吧！」我把他輕輕地推開：「你應該早點休息。」

「也好，」他垂着頭走進房去。

我的心很亂，我眞想哭，可是我又不敢哭，我怕引起他更大的不愉快。我把麟兒料理睡好之後我也上床去睡。

他沒有睡着，顯然他也有心事。可是我一睡下之後他就翻過身來吻我，我沒有拒絕，我讓他儘情地吻，我的眼淚在汩汩地流。

日子過得眞快，我在總醫院生產了，是一個女孩。這是我第二個孩子，却是四維的第一個女兒。

雖然是一個女孩，四維也很高興，他替她取名小芬，他對我更加寵愛，更像一個丈夫。

出院之後就報了戶口，也申報了眷糧和補助費，四維的同事也送了一點禮物，這自然不能和我生麟兒相比，這次我只吃了一隻鷄，爲了生孩子，支了一個月的薪水。

生了小芬之後四維在心理上安定了許多，他好像覺得孩子是我們之間的保證，覺得我們現在完全平等，他再也沒有自卑的感覺。對於鐵軍這個影子他也漸漸從記憶中抹去。我在心理上也起了若干變化，我覺得我應該完全愛他，來台灣兩年鐵軍還沒有一點消息，那不是被俘一定是陣亡了！

幸好小芬出生之後四維並沒有減少對麟兒的愛護，當然更沒有歧視，麟兒也歡喜小芬，他一點也不妒忌，這使四維更高興。

「現在我是有兒有女了。」他爲了使我高興，常常這樣笑着對我說。

「你的福氣眞不壞。」我也故意捧他。

「奇怪，小芬怎麼一點也不像我？」他笑着對我說。

「像誰？」我故意問他。

「像妳，」他指着我說。

「這就得了。」我點點頭微笑：「只要不像外人。」

「我眞希望她像我。」他天眞地說，圓圓的臉上滿是笑意。

「像你就不這樣醜了。」我故意逗他。

「嘿！像媽媽還會醜？」他望着我笑，又用手指撥撥孩子的臉蛋：「長大了眞是一個天仙哩！」

「別替自己女兒的臉上貼金吧？」我白了他一眼，又吻了小芬一下。

「這還用得着貼金？這樣子還不羡人？」他從我手裡把小芬接過去，把她輕輕地舉了起來。

「別嚇了他。」我連忙阻止。

「不會的，他還沒有長胆。」他笑着說。

「那你把她捧上天好了。」我看他把她舉得超過了自己的頭頂，我一語双關地說。

「可惜我沒有這個力量。」他把她放了下來，又在她臉上吻了一下。

「將來你替她找個乘龍快婿不是可以上天了嗎？」我開玩笑地說。

「也許她有這個福氣，我可不敢高攀。」他不[illegible]地說。

「怕從老丈人的高座上跌下來嗎？」

「俗話說爬得高跌得重，我就是躭這點心事。」他把小芬交給我說。「我生成了二十七兩米的命，不想再多。」

我向他一笑，我覺得他眞是一個守己安份的好人，他從來沒有幻想，不唱高調，總是脚踏實地地做人做事。在我們同居之前，他從來沒有對我有過任何輕薄的舉動，或言語的挑逗，也就因爲這些緣故，我才敢以身相托。生小芬以前我還有點心猿意馬，我覺得無形的鐵軍對我的吸力比有形的他還要來得大，我常常在他們之間激盪搖擺，生小芬之後我覺得他的吸力在漸漸增加，我思念鐵軍的心情在逐漸減少，我不能不承認現實的力量。

小芬我也很喜歡，這也許因爲她太像我？也許因爲她是一個女孩？他們兄妹兩人正好一對，我有着有男有女的眞正快樂。但我覺得遺憾的是他們是兩個父親生的。

「假如是一個父親所生那該多好呢？」這個意念老是在我心裡盤旋着，而且我會不自覺地希望她是鐵軍生的，麟兒像他，小芬像我，這不是最理想的嗎？但事實却不如此，這使我感到美中不足，也使我暗自痛苦，有時我竟會陷入不可解的矛盾之中。

我生了兩個兒女，却是兩個父親，一種古老的貞操觀念常常會偷偷地爬上我的心頭，悄悄地升起一面羞恥的紅旗……

現在四維一下班就更有事做了，而第一件事就是抱小芬。他不管她是睡覺或是在我懷裡吃奶，他都要把她抱起來，最少也要低下頭來吻她一下，不管明天有沒有錢買菜，他只要一看見小芬就快樂了。

自我生產以後我們的經濟情況就更拮据，小芬雖然不會吃飯，但由於她吃奶，我的飯量增加了許多，她名下的米足夠我吃，但她三十塊錢的補助費不夠彌補我生產的開支，她自己還要花費。

一天下午，我抱着小芬喂奶，正愁着明天沒有錢買菜，四維却高興地下班回來，一走進門就把兩手一伸，連忙從我懷裡把小芬抱了過去，小芬因爲沒有吃足奶就哇的一聲哭了起來，我隨卽從他手裡把小芬奪回，仍然默默地喂奶。

「妳又爲什麼不高興？」他奇怪地望着我，有點躭心。

「沒有什點事不高興。」我冷淡地搖搖頭。

「旣然沒有什麼事不高興，怎麼要這樣對待我？」他向我把兩手一攤。

我不作聲，我也想不出什麼正當的理由，我只是有點煩惱。

他看見我不作聲以爲我又是在想鐵軍，他帶點醋意地問：

「妳又在想什麼心事？」

「我什麼也沒想。」我隨便答應了一句。

「那妳爲什麼這樣呆頭呆腦？」他茫然地望着我說。

「我在想明天該吃什麼菜？」我故意笑了一笑。

「嘿！這還不簡單？」他一面說一面攀着手指頭算：「空心菜，白菜，泡黃瓜，再買幾塊豆腐不就得了！天天如此，還想弄個什麼花樣？」

「錢呢？」我向他把手一伸。

他馬上愣住了，隨後又自怨自艾：

「該死！我眞該死！怎麼忘記了借錢？」

「我看你快要樂瘋了。」我白了他一眼。

「哎！」他把兩手一拍：「眞的，我成天只惦記着小芬，上班的時候恨不得抽空回來溜她一眼，一下班就三步併作兩步跑了回來，誰還記得明天沒有錢買菜？」

「小芬可以當菜？」我指着小芬望着他說。

「豈止可以當菜，簡直可以當飯。」他滿臉笑容低下頭來在小芬臉上吻了一下。

「你拿她當飯去吧，我可餓了。」我把小芬交給他，我準備拿盌筷吃飯。生小芬以後我特別容易餓，每頓飯吃三四盌，不要一刻鐘又覺得餓，這是生麟兒時絕對沒有的現象，那時有的吃又吃不下，現在沒有得吃又要吃，這簡直是開自己的玩笑，我也想不出這是什點道理？

一切準備好之後我就同麟兒圍着小圓桌吃飯，麟兒看見他不來吃就催他：

「爸爸，吃飯。」

「別管他，他有妹妹就用不着吃飯了。」我故意氣他：「明天還不要菜。」

「麟兒，你眞乖，」他誇獎了麟兒一句：「你先吃，爸爸就來。」

我們吃飯時他却和小芬哦哦地說話，我想想都好笑，這麼一點點大的孩子懂得什麼？他却還有興趣地和他說笑。

吃完飯我有點不過意，我想他一定也很餓了，我連忙從他手上把小芬接了過來。

「太太，家有千金，何愁沒有錢買菜？」他笑着對我說。

我也被他說得笑了起來，我眞奇怪生了小芬之後他也懂得幽默？

小芬滿月後生了一次病，是發高燒，先在總醫院看，因爲藥品缺乏，沒有看好，病情隨之加重，有抽筋現象，四維急得滿頭大汗，立刻把她送到一個私人醫院的名小兒科醫生那兒去看，接連打了幾針强心針和盤尼西林，幾個小時之後燒就完全退清了。第二天吃奶睡覺都很正常，四維這才像放下了千斤重擔似的噓了一口大氣：

「好險！」

也許是由於氣候不正常的關係？小芬好了沒有幾天麟兒又病了！爲了省錢先也是到總醫院看，據醫生診斷是肺炎，吃了藥水藥粉仍不見效，溫度反而增高，我心裡着急得很，我想送他到那所替小芬看病的小兒科醫生那邊去看，但是又沒有錢。小芬生病之後我們的菜錢已經減到兩塊一天了，而且還有青黃不接的日子。我要四維去借，他說實在借不到。我看看麟兒的病很重，燒得有點不省人事，我急得眼淚直流，萬一有什麼危險，我怎麼對得住我父親？他對我的叮囑我還記得清清楚楚，同時更對不住鐵軍，麟兒是我們的愛情結晶，是唯一的記念，他出發魯南作戰前也一再叮囑過我要好好地照顧他，現在麟兒生了病我怎麼能不替他診？因此我硬逼着四維去借錢：

「無論怎樣你也要出去借點錢來。」

「薪餉已經透支了兩個月，妳叫我到那裡去借？」他愁眉苦臉地對我說。

「不管你到那兒去借，你總要想辦法弄點錢來。」我流着眼淚說。

「小芬生病已經化掉了半個月薪餉，現在實在無處可借。」他用双手抱着頭說。

「麟兒就是化掉一個月的薪餉你也得去借。」

「我一個月能拿幾個錢？」他猛力抬起頭來痛苦地望着我：「以後我們就不要吃飯？」

「就是不吃飲也得替他診病。」我兩眼盯着他一點也不鬆口。

「那怎麼行？」他用力搖頭。

「你總不能見死不救。」我直衝着他叫嚷。

「他還沒有到那種地步。」他也瞪了我一眼。

「眞到那種地步已經遲了！」我大聲地說。

「我實在沒有地方可借。」他頹喪地搖搖頭。

「小芬生病你怎麼會借？」我昂着頭質問他，聲調提得很高。

「就是因爲借得太多，所以現在沒有辦法借。」他向我把兩手一攤。

「即使公家借不到，你也可以向朋友去借。」

「現在大家都自顧不暇，那裏還有錢借給別人？」

「你還沒有去借怎麼就知道別人沒有錢？」

「大家天天在一塊辦公，誰還不知道誰的情形？」他兩條淡黃的眉毛縐成一團，向我苦笑。

「你不用推。」我瞪了他一眼。

「不是推，是實在的情形。」他的圓臉變成了長臉。

「你是眞不去借，還是假不去借？」我急了起來，我的臉孔一板。

他望着我半天沒有作聲，儘搔頭皮，最後還是搖搖頭：

「請妳原諒我，我實在沒有辦法。」

「你偏心！你偏心！」我急得冒火，氣得哭叫。

「我一點也不偏心，實在沒有辦法。」他也大聲分辯。

「還不偏心？」我指着他訴說：「小芬的病你會借錢診，麟兒的病你就不借錢診。」

「妳不要寃枉人好不好？」他頓起脚來。

「我怎麼寃枉你？」我理直氣壯地說：「這是事實。」

「妳要知道現在情況不同。」他又溫和地向我解釋。

「我不知道什麼情況不情況，我只要替麟兒診病。」我把身子一扭，把背向着他。

「妳總不能要我的命哪！」他轉到我的面前，兩手伸向空中，向我訴苦。

「哼，」我從鼻孔裏哼了一聲：「這點兒事就要你的命，以後的日子還長那怎麼辦？」

「我也只能盡我的力量。」他兩手無力地垂了下來。

「你現在就沒有盡到力量。」我責備他。

「那妳要我怎麼辦?」他伸過頭來望着我。

「我要你去借錢。」我大聲地說。

「借不到!」他也光起火來用力把頭一搖。

「好!麟兒不是你生的你就這麼狠心!」我哭了起來:「我也不管小芬,我賣衣服也要替麟兒診病。」

我氣沖沖地跑到箱子旁邊,用力打開箱子,找出一件灰派立斯旗袍,這是我現在僅有的一件較好的毛料衣服,我連忙從床上把麟兒抱起就往外跑,他一把拉住我氣急敗壞地問:

「那裡去?」

「替麟兒診病。」我用力一甩又向外跑。

「妳慢點走好不好?」他又拉住我。

「這不是你的兒子,不關你的事。」我又用力一甩,我的眼淚簌簌地滴落。

「妳別儘說橫話好不好?」他無可奈何地望着我。

「我才不說橫話，是你橫心!」我用力瞪了他一眼。

他終於鬆了手，我一口氣跑到街上來，我穿着拖板的的嗒嗒邊跑邊哭，賣衣服的市場很遠，我摸摸麟兒的頭簡直燙手，我很害怕，不管三七二十一，我先跑到李小兒科醫院。

醫生一診斷就說是急性肺炎，幸好來得快，馬上打了一針強心針，一針配尼西林，以後每隔兩小時又打一針，我看着麟兒的眼睛漸漸睜開，人也漸漸清醒過來，我這才稍稍放心。一想起四維我心裏就恨，我的眼淚就不住地流。一想起我身上沒有一個錢眞是又急又窘!麟兒是在漸漸地好了，但我怎樣走得出門?

在我離開李小兒科醫院之前，四維滿頭大汗地跑了進來，我看也不看他一眼，我眞恨不得咬他一口!他看見我不理他就直接走到取藥處拿了藥，付了錢。

一走出醫院大門我就大聲地質問他：

「你這又是那兒來的錢?」

「賣血賣來的。」他沉痛的說。

我聽他這樣說馬上目瞪口呆，我眞沒想到他會做出這樣的事來？我看見他臉色慘白，額上冒出豆大的汗珠，我啊的一聲哭了出來。

「四維，我眞對不起你，我誤會了你。」我向他道歉。

「沒有什麼，」他向我一笑：「妳這是爲了麟兒。」

「我只知道向你要錢，怎麼也沒想到你會去賣血？」我說。

「我早對妳說了沒有辦法再借，不賣血臨時怎麼籌得出錢？」他又是一笑。

隨後他告訴我，他看見我氣沖沖地跑出去之後，心裡又慚愧又焦急，過去借得太多了，實在不能再借，忽然他想起以前在一家私人醫院裡替一位朋友輸過血，建立了卡片，那家醫院設備很好，有一個小型的血庫，因此他跑去和院長商量賣血，院長同意了，而且還多給他一點錢，不然連血也賣不出去，因爲賣血也有黃牛，不透過他們是不行的。

我眞想不到錢會這樣地艱難？以前在家裏我無論要什麼錢父親都給我，我從來沒有感到困難過。這次到台灣之後雖然也受到錢的痛苦，但我不相信借幾百塊台幣就是什麼大不了的事？但四維畢竟無處可借，而要去賣血，這眞是我始料不及的。

「你難道不愛惜你的身體？」我看他自挑起家庭的擔子之後身體已經沒有從前那麼結實，再拖下去身體一定會更差，怎麼還能賣血呢？

「爲了麟兒我不得不犧牲自己。」

我望着他那慘白的臉又是感激又是慚愧，我不敢再多看他一眼，我把頭埋進他的懷裡。

「假如我不弄到錢，我想妳一定會恨我。」他撫摩着我的頭髮輕輕地說。

「在醫院裡我眞恨不得咬你一口。」我抬起頭來向他一笑。

他馬上低下頭來吻我，我知道他完全寬恕了我，我心裡非常快樂。

「愛會使妳發瘋。」他在我耳邊輕輕地說。

「愛也會使你流血。」我笑着回答他。

「愛，父母的愛，子女的愛，夫妻的愛，人就是爲了愛而生，也是爲了愛而死。」

他抬起頭來望空喃喃自語。

他這些話使我深深感動，我就是爲了麟兒才和他同居，也是爲了麟兒幾乎和他破裂，因爲他犧牲自己挽救麟兒，我不僅感激他，也更愛他，他之所以這樣做又完全是爲了愛我，這種愛的循環，愛的連續，人類才創造出許多可歌可泣的故事，才能綿延不絕。

「救了麟兒，餓了肚皮，以後我們怎麼辦？」我忽然想起現實的問題。

「不必急，我賣了兩百CC ，還可以維持一段日子。」他安慰我說。

「這眞是吃你的血了。」我很慚愧，也很痛心。

「我眞樂意，蜻蜓餓了也吃自己的尾巴。」他拍拍我又吻吻我。

麟兒完全好了，我心裡很高興，四維心裡也高興。我們眼看着他們兄妹兩人一天天長大，常常會發出會心的微笑。

小芬快滿五歲的時候我又第三次懷孕了。

我這次懷孕四維心裡更高興，因爲他剛剛晉升上尉，又調爲廠裡的科員，由於他爲人忠實，作事負責，所以他來到台灣之後升了兩級。

「希望這次是個兒子。」他聽見我告訴他懷孕的消息之後快活地說。

「我也這樣想。」我笑着說。雖然我有了麟兒，但那是鐵軍生的，到底不是四維的骨血，現在四維已經三十多了，在心理上他確實有此需要，我也覺得應該替他生個兒子，以盡我的職責。

「希望他像我。」他眼睛裡面閃着祈求的光。

「你的兒子自然像你。」我說。麟兒像鐵軍，假如這次是個男孩子自然應該像四維了，因爲這是他的血統。

「也許不一定？」他有點躭心。

「假如眞的是男孩，我想不會像我。」我安慰他。

「像你倒也無妨。」

「那你會失望。」

「當然最好是像我。」他望着上面的甘蔗板說：「商品也有個商標，我希望我的兒子就是我的商標。」

「他長大以後你希望他幹什麼？」我開玩笑地問他。

「我希望他作醫生。」他說。

「麟兒呢？」我又問。

「那要看他自己的志願。」他說。

「麟兒已經六七歲了，你能看出他的個性嗎？」我想試探他是否眞正關心麟兒。

「我看他仍然會幹軍人。」

「怎見得？」

「他胆大心細，身體棒，歡喜冒險，是一個很好的帶兵官。」

「我不希望他帶兵。」我用力搖頭，鐵軍的遭遇太使我傷心，這是我一生最大的不幸，我不希望麟兒再走他父親的老路。

「這不是妳希望的問題，應當看他的志趣。」他笑着說。

「他這樣的個性難道就不適於幹別的事情？」我有點懷疑，我想決不止幹軍人這一條路。

「自然可以幹。」他點點頭：「只怕不能滿足他好奇好勝的心理。」

「讓他幹工商事業不知道可不可以？」

「幹工業也許可以，幹商業恐怕不太合適。」

「爲什麼？」

「因爲商業除了賺錢之外很少別的目的。」

「麟兒不愛錢嗎？」他現在都知道向我要錢買東西，長大了那會不愛錢呢？

「不是這個意思。」他搖搖頭。

「那又是什麼意思呢？」

「因爲他有英雄氣。」他讚賞地說。

我眞暗暗佩服四維觀察的仔細，麟兒是完全像鐵軍，不僅外表好，品性也完全一樣，他胆大，機警，好勝，有領導別的孩子的才能，看了幾次武俠片子之後就愛使槍鬪劍，身手也很矯捷，和他同樣大小的孩子都不是他的敵手，但他亦不欺侮弱小和女孩子，還專愛向比他大的男孩子挑戰，打敗了再來，決不哭泣，因此就是比他大兩三歲的孩子也決不敢在他面前逞強。這些都是很好的品格，但我就是怕他長大了帶兵打仗。

「妳怎麼不作聲？」他看見我望着頭上的甘蔗板發怔，連忙問我。

「我眞不知道怎樣才好？」我感到有點困惑。

「日子還長，不必這麼早就爲他着急。」他向我一笑，隨手把我摟進懷裡，生怕別人搶去了似的。

我的第三個孩子終於生產了，正如四維所願是個男孩，而且完全像他，他給孩子取名小維。孩子滿月那天他還請了一桌客，他的高興簡直超過了中二十萬獎券。我自然也很高興，可是我和他是兩樣的心情。我們雖然不是正式的婚姻，可是我給他生了一男一女，我心安了許多，我和鐵軍雖然是那麼隆重的結婚，但只生了一個麟兒，沒有為他生個女兒，這在我心裏是個遺憾，假如他還走一年半載，小芬也許是他的。

我一個人待在家時總愛把三個孩子聚在一塊兒仔細端詳他們。小芬快四歲了，越大越像我，完全是一副女孩子氣，她對麟兒處處依賴，非常溫存，她靠在麟兒身邊真像小鳥依人。麟兒越大體格越好，真有點像個小泰山，他的長方臉，大眼睛，高鼻樑，和鐵軍真是一模一樣，站在那裡確是氣宇軒昂。小維的圓臉，淡黃的眉毛，圓圓的嘴巴，也完全和四維一樣，一眼看上去就知道是一副渾厚忠實相。這兩個兒子就是我兩個丈夫的縮影。不過我覺得小芬和麟兒站在一塊兒更相稱，因為他們就是我和鐵軍的縮影，但是現在已經時過境遷，事隔多年，不知道鐵軍到底怎樣了？假如他沒有死，而又知道我現在的情形，那不知道他會怎樣鄙視我？又是怎樣的懷恨？假如我碰見了他我眞願意嘗嘗他那一對大拳頭的滋味，他就是那一對大拳頭打倒了兩個流氓，也征服了我一顆少女的心。但是往事如烟，我已經是四維的太太了。

「唉！我怎麼還會想這些事情？」我揉揉眼睛，想揉掉眼前的幻影。可是麟兒和小芬却並肩地站在我的面前，這是眞不是幻，看看他們兩人我不禁落淚了。

「媽媽，您爲什麼哭哇？」麟兒奇怪地望着我說。

「啊，可憐的孩子！」我俯身摟着麟兒，我的淚如雨下，我吻他的臉，吻他的眼睛，吻他的頭髮，我想在他身上嗅出鐵軍的氣味。

小芬看見我摟着麟兒她也睜着一對明如秋水的漂亮眼睛奇怪地望着我，我又一把她摟了過來，我双手摟着他們兩兄妹，我彷彿摟着一個逝去的溫馨的夢，我的心在痛，我的眼淚在流。

「媽，您又不是小孩兒，您爲什麼哭呢？」麟兒又天眞地問我：「您要糖嗎？」

他隨卽在口袋裡掏出一粒圓糖遞給我：

「麟兒，媽媽不要糖。」我向他搖搖頭：「媽媽要的東西你不知道。」

說過之後我又哭了起來，他看我不要隨手給了小芬，我在他臉上重重地一吻。

「媽，您想什麼東西可以向爸爸要嘛。」麟兒自作聰明地對我說。

「好兒子，你不懂，媽媽要的東西買不到，爸爸也沒有。」

「那是什麼東西？」他驚奇地望着我。

「你長大了就會知道。」

「現在告訴我好不好？」

我搖搖頭，吻了他一下。

「您不告訴我我會去問爸爸？」他天眞地把嘴巴一撇，我又掉了一滴眼淚。假如他一旦知道四維不是他的爸爸，那眞不知道他會怎樣鄙視我？我寧願接受鐵軍的拳頭也受不了麟兒的鄙視，兒子的白眼比丈夫的責罵更難堪，但願這個秘密他永遠都不知道才好。

「爸爸會生氣。」我故意警告他。

「爸爸喜歡我。」他若有所恃地擺動身子。

「不，爸爸喜歡我，」小芬一直沒有說話，這才插進一句。

「喜歡我。」麟兒說。

「喜歡我。」小芬爭辯。

「好兒子，不要爭，兩人都喜歡。」我連忙拍拍他們。

「媽媽，您喜歡誰？」麟兒又問我。

「我喜歡你，也喜歡妹妹。」我說着在他們兩人臉上分別吻了一下。

「弟弟呢？」他指着小維說。

「一樣喜歡。」我向他一笑，然後又問他：「你喜歡弟弟還是妹妹？」

「妹妹。」他指着小芬說。

「爲什麼？」我連忙問他。

「妹妹漂亮。」他天眞地說，我的眼淚又流了下來。假如他們不是我的兒女，我眞希望他們將來結爲夫婦，以彌補我的缺陷。

孩子一天天長大，麟兒已經上小學，小芬也上幼稚園，每天他們兩人手牽着手，一道上學校，麟兒大些，很像一個哥哥，他把小芬帶去帶回，小心照顧，因此小芬更依賴他，更聽他的話，他們兩人很少吵架，一方面是小芬性情溫馴，不愛胡鬧，一方面是麟兒愛她，處處讓她，所以他們兩人的情感很好，這對於我是一個很大的安慰。假如他們兄妹兩人情感不好，時常吵鬧，那四維會左右爲難，也可能會影響我和四維的情感。

每當四維上班，他們兄妹兩人上學之後，我就感到一陣清閒，我身邊就只剩下小維了，這時我就可以處理一些家務，洗洗衣服，或者做點自己的事情，甚至抽空去看一場電影。也只有在這種空檔的時間，我偶爾會想起鐵軍，一忙碌起來我就什麼心思也不能想了。

現在四維對我更加放心，我就是偶爾有點不快。他也不會疑心我想念鐵軍，他認爲過去的事已經像炊煙般地隨着時間的晚風消散了，我也認爲和鐵軍再度團圓那是來世的事，這一輩子是絕無可能的。因此我和四維生活得貧窮而愉快，忙碌而平靜，沒有一點波紋。

但是這種平靜的生活終於起了一點變動，四維調職了，而且是調到台北去。本來他不大願意離開高雄，在這兒我們生活了七年，一切都很熟悉，但他這次的調是老長官一番好意，台北方面是一個上階有缺的股長，既可以拿主官加給，多一百三十塊錢，又有晉升的機會，在此地困限於編階，不能晉升，也很少當主管的希望，所以他就答應了原任此間廠長新任台北另一單位的處長的徵調。

他在奉到命令後的第三天就上台北去了，這是我們的第一次離別，他有點依依不捨，我心裡也有一種說不出來的感覺。他臨走的那天我特别弄了幾樣可口的好菜給他吃，夜晚還親自送他到高雄火車站，搭十點半的北上快車。這使我想起了七年前在上海我送他到北火車站的情景，但那時的心情和現在完全不同，那時他是去南京打聽鐵軍的下落，是爲我和鐵軍的事奔走，現在他是去台北到差，是爲他自己的前途着想。那時我送他是爲了禮貌和人情，現在我送他却是爲了夫妻的情份，這是截然不同的。但是一想起鐵軍的杳無音訊，以及我自己辛酸的遭遇，我又不禁流下淚來。

「别難過，我一個月會回來一次。」他以爲我是完全爲這次離别感傷，他不知道我心裡的複雜情感，所以他坦然地安慰我說。

我點點頭，沒有說話，我不知道怎樣回答他才好？

「也許兩三個月就可以配到房子，那時妳就可以搬到台北去住。」他又這樣安慰我。他在同意調台北之前也曾向老長官提出眷舍問題，老長官滿口答應了他，所以他才放心去。

他一提到搬到台北我心裡也很高興，因爲我來台灣七年還沒有到過台北，聽說台北非常繁華熱鬧，我也很想瞻仰瞻仰這一戰時首都的丰彩。

「你也可以免得兩邊跑。」我向他一笑。

「爲了妳我願意多跑幾趟。」他也向我一笑。

火車開動之後他又把頭伸出窗口對我說：

「好好地照顧孩子，也許不久我就會接妳到台北去。」

他走後我心裡又有點亂，鐵軍走時叮囑我好好地照顧孩子，他走時也叮囑我好好地照顧孩子，生孩子，照顧孩子變成了我唯一的任務。爲了麟兒，我又替四維生了兩個兒女，以後也許還有更多？

現在我雖然有三個孩子可以承歡膝下，但四維走後我仍然感到相當寂寞，我好像需要一點什麼又缺少一點什麼？尤其是有些事情我不能辦到的我更感覺到需要他，我覺得男人比女人强，他們是什麼事情都可以辦到的。但我對於四維的思念和前幾年對於鐵軍的思念在情緒上有些不同，對四維是一種淡淡的思念，純粹夫妻情感的思念，不傷心，不流淚，對於鐵軍的思念則是一種牽腸掛肚的思念，是對丈夫和情人的双重思念，這種思念使我腸斷[illegible]，傷心落淚，到現在我偶一想起他仍然惆悵不已，精神分裂，尤其是在四維走後，鐵軍又常常竄上我的心頭，揮之不去，每逢思念四維時我就想起鐵軍，而他在我心上逗留的時間反而更久，我明明知道鐵軍不過是一個虛幻的影子，但這個影子我永遠沒有辦法抹掉，爲了減輕這種心理上的負擔，我眞希望四維時常在我身邊，他在我身邊時我就能暫時忘記過去，他一離開我就沒有辦法克服自己，沒有辦法克服這種精神分裂。在我痛苦得想哭時我就把三個孩子統統叫到身邊，只有他們才能使我心理平衡，精神集中，我對於孩子們的愛是整個的，是統一的，是不偏不倚的。對於鐵軍和四維我却無法拉平，無法均分，他們時常在我心中互相激盪，互相矛盾，四維走後簡直形成了一種戰爭，這種戰爭是別人看不見的，却最使我傷心。

第三十七章 四維升遷台北去 鐵軍影像心上浮

幸好四維到台北兩個月就配到了眷舍，於是我們離開了高雄遷到台北。

一回到四維身邊我的心就安定了許多，鐵軍的幻影不再苦惱我，他和我的距離又漸漸拉遠，四維恰恰站在我和鐵軍的中間。

新的環境給予我精神上一種新的振奮，新家佈置好之後我感覺得非常輕鬆，我很想到台北街頭逛逛，或是去看場電影，可是家務牽着我不能動身，一直拖了一個多月我才有機會出來。

這天是禮拜六，我看到報紙上的電影廣告，「鴛夢重溫」又捲土重來，但這天下午是最後一場，這機會不能錯過。這幾年來看西部武打片看得太膩了，而其他的戰爭片歌舞片也幾乎是同一格調，很少看到水準極高的純文藝片。「鴛夢重溫」我以前雖然看過一次，但仍然值得再看，因此我先告訴四維說要看下午這場電影，我希望他早點下班回家弄飯，恐怕我來不及，孩子餓了是會哭的。

「明天禮拜，我們一道去好不？」他用商量的語氣說。

「只有今天下午這一場，明天看不到。」我說。

「那麼妳去吧。」他點點頭。

「希望你早點下班，恐怕我趕不及弄飯。」我笑着說。

「好，希望妳也早點回來。」他也向我一笑。

「我又沒有什麼事就擱，一看完了不就回來？」我邊說邊拿起小皮包。我想我又沒有錢逛百貨公司，買這買那，台北是生地方，又沒有一個熟人，我怎麼不一看完電影就回來呢？

「我等妳吃飯。」他深情地說。

「來得及。」我笑着點點頭。

我向孩子們交代幾句之後就出來了，恰好趕上五路汽車，坐到衡陽街下來。因爲時間還早，我在衡陽街上慢慢地逛，這雖然不是華灯初上的時候，但衡陽街還是非常熱鬧，兩旁店舖林立，整整齊齊，窗橱裡的商品琳瑯滿目，美不勝收，假如口袋裡有錢你就忍不住想買了。在高雄就沒有一條這樣的街，走在街上的人好像也沒有這麼神氣，沒有這種紳士淑女派頭，我的衣服雖然不算襤褸，但還是和鐵軍結婚時做的衣服，料子雖不太壞，可是已經過時，顯得有點寒傖了，而我就只剩這麼一兩件出門的衣服，這幾年來只做過幾件布衣在家裡穿穿，實在沒有餘錢裝飾門面。

逛完了衡陽街又走到熱鬧的西門町，這幾條電影街更使人眼花撩亂，來往的人更多，台北最大的電影院都集中在這一帶，最有名的咖啡室也都設在這兒，這是消遣的好地方，也是用錢的好地方。

下午看電影的人比較少，沒有等多久我就買到了票子，買好票子之後，又在影院門口看了一會兒預告樣片，然後隨着人潮湧進戲院。國際戲院在台北不算是頂好的戲院，但比起高雄的電影院來那要强多了，「光復」也趕不上這家，這兒不但座位舒適，還有冷氣，坐在裡面比在外面還涼快，不像高雄的電影院裡面那樣悶熱，在這兒看電影眞是一種享受，不是受罪，看電影的人好像也很高尚，不像高雄那樣複雜。

台北的廣告片也比高雄多，放映了好幾分鐘才放預告片，然後才是正片。

鴛夢重溫雖然是張老片子，但是全新拷貝，聲光色彩都很不錯，我第一次看這張想子時還沒有結婚，這次來看時已經是三個兒女，兩度婚姻了！世事滄桑，人生多變，來不禁黯然。

由於男女主角演得很好，賺了我不少眼淚。第一次看這張片子時我沒有這麼感動，那時我眞有點不相信這故事，但這次他們兩人一擧一動都扣緊了我的心弦，每一個情節都使我的心微微顫動，我的眼淚也就汨汨地流。最後看到男主角重臨故居，記憶逐漸恢復，而女主角適時趕來，兩人互相擁抱重溫舊夢時那鏡頭眞美，眞令人感動，我也吐了一口氣，我爲他們深深祝福。但一想到我自己，我的眼淚又不禁奪眶而出，電影院裡這麼多的人誰又知道我的辛酸故事呢？我也能像他們一樣重溫舊夢嗎？

但是我萬萬沒有想到，奇蹟突然出現了！走出電影院之後我突然在成都路上碰見了鐵軍！他更英氣勃勃，領章上多了兩朵梅花，最少是少校了。他一見到我就雙手抱住我，使我透不出氣來。

第二十八章 舊愛新恩難取捨 離去何從仰問天

一陣暈眩迷惘，在十字路口

我真不知道何去何從？

老天爺是要打這種自相殘殺、骨肉分離的戰爭。

我的心碎了！一片一片的碎了……

民國五十六年（一九六七）三月 台北讓中街

「小說創作社」初版

民國九十六年（二〇〇七）九月末中秋節前夕重校，

編入「四男人作品全集」之一長篇小說類出版。

墨人博士著作書目（校正版）

書目	類別	出版者	出版時間
一、自由的火焰 與《山之禮讚》合併 易名《墨人新詩集》	詩集	自印（左營）	民國三十九年（一九五〇）
二、哀祖國	詩集	大江出版社（臺北）	民國四十一年（一九五二）
三、最後的選擇	短篇小說	百成書店（高雄）	民國四十二年（一九五三）
四、閃爍的星辰	長篇小說	大業書店（高雄）	民國四十二年（一九五三）
五、黑森林	長篇小說	香港亞洲社	民國四十四年（一九五五）
六、魔障	長篇小說	暢流半月刊（臺北）	民國四十七年（一九五八）
七、孤島長虹（全集中易名爲富國島）	長篇小說	文壇社（臺北）	民國四十八年（一九五九）
八、古樹春藤	中篇小說	九龍東方社	民國五十一年（一九六二）
九、花嫁	短篇小說	九龍東方社	民國五十三年（一九六四）
一〇、水仙花	短篇小說	長城出版社（高雄）	民國五十三年（一九六四）
一一、白夢蘭	短篇小說	長城出版社（高雄）	民國五十三年（一九六四）
一二、颱風之夜	短篇小說	長城出版社（高雄）	民國五十三年（一九六四）

一三、白雪青山	長篇小說	長城出版社（高雄）	民國五十四年（一九六五）
一四、春梅小史	長篇小說	長城出版社（高雄）	民國五十四年（一九六五）
一五、洛陽花似錦	長篇小說	長城出版社（高雄）	民國五十四年（一九六五）
一六、東風無力百花殘	長篇小說	長城出版社（高雄）	民國五十四年（一九六五）
一七、合家歡	長篇小說	臺灣省新聞處（臺中）	民國五十四年（一九六五）
一八、紅樓夢的寫作技巧	文學理論	臺灣商務印書館（臺北）	民國五十五年（一九六六）
一九、塞外	短篇小說	臺灣商務印書館（臺北）	民國五十五年（一九六六）
二〇、碎心記	長篇小說	小說創作社（臺北）	民國五十六年（一九六七）
二一、靈姑	長篇小說	小說創作社（臺北）	民國五十七年（一九六八）
二二、鱗爪集	散　文	水牛出版社（臺北）	民國五十七年（一九六八）
二三、青雲路	短篇小說	臺灣商務印書館（臺北）	民國五十八年（一九六九）
二四、變性記	短篇小說	臺灣商務印書館（臺北）	民國五十八年（一九六九）
二五、龍鳳傳	長篇小說	幼獅書店（臺北）	民國五十九年（一九七〇）
二六、火樹銀花	長篇小說	立志出版社（臺北）	民國五十九年（一九七〇）
二七、浮生集	散　文	聞道出版社（臺南）	民國六十一年（一九七二）
二八、墨人詩選	詩　集	臺灣中華書局（臺北）	民國六十一年（一九七二）
二九、鳳凰谷	長篇小說	臺灣中華書局（臺北）	民國六十一年（一九七二）

三〇、墨人短篇小說選　短篇小說　臺灣中華書局（臺北）　民國六十一年（一九七二）
三一、斷腸人　短篇小說　臺灣學生書局（臺北）　民國六十一年（一九七二）
三二、詩人革命家胡漢民傳　傳記小說　近代中國社（臺北）　民國六十七年（一九七八）
三三、心猿　長篇小說　學人文化公司（臺北）　民國六十八年（一九七九）
三四、山之禮讚　詩　集　秋水詩刊（臺北）　民國六十九年（一九八〇）
三五、心在山林　散　文　中華日報社（臺北）　民國六十九年（一九八〇）
三六、墨人散文集　散　文　學人文化公司（臺中）　民國六十九年（一九八〇）
三七、山中人語　散　文　臺灣商務印書館（臺北）　民國七十二年（一九八三）
三八、花市　散　文　江山出版社（臺北）　民國七十四年（一九八五）
三九、三更燈火五更雞　散　文　江山出版社（臺北）　民國七十四年（一九八五）
四〇、墨人絕律詩集　詩　集　臺灣商務印書館（臺北）　民國七十六年（一九八七）
四一、全唐詩尋幽探微　文學理論　臺灣商務印書館（臺北）　民國七十六年（一九八七）
四二、第二春　短篇小說　采風出版社（臺北）　民國七十七年（一九八八）
四三、全唐宋詞尋幽探微　文學理論　臺灣商務印書館（臺北）　民國七十八年（一九八九）
四四、小園昨夜又東風　散　文　黎明文化公司（臺北）　民國八　十年（一九九一）
四五、紅塵（上、中、下三卷）　長篇小說　臺灣新生報社（臺北）　民國八　十年（一九九一）
四六、大陸文學之旅　散　文　文史哲出版社（臺北）　民國八十一年（一九九二）

四七、紅塵續集　長篇小說　臺灣新生報社（臺北）　民國八十二年（一九九三）

四八、墨人半世紀詩選　詩　選　文史哲出版社（臺北）　民國八十四年（一九九五）

四九、張本紅樓夢（上下兩巨冊）　修訂批註　湖南出版社（長沙）　民國八十五年（一九九六）

五〇、紅塵心語　散　文　圓明出版社（臺北）　民國八十五年（一九九六）

五一、年年作客伴寒窗　散　文　中天出版社（臺北）　民國八十六年（一九九七）

五二、全宋詩尋幽探微　文學理論　文史哲出版社（臺北）　民國八十九年（二〇〇〇）

五三、墨人詩詞詩話　詩詞・理論　詩藝文出版社（臺北）　民國八十九年（二〇〇〇）

五四、娑婆世界（定本）　長篇小說　昭明出版社（臺北）　民國八十八年（一九九九）

五五、白雪青山（定本）　長篇小說　昭明出版社（臺北）　民國八十九年（二〇〇〇）

五六、滾滾長江（定本）　長篇小說　昭明出版社（臺北）　民國八十九年（二〇〇〇）

五七、春梅小史（定本）　長篇小說　昭明出版社（臺北）　民國八十九年（二〇〇〇）

五八、紫燕（定本）　長篇小說　昭明出版社（臺北）　民國九　十年（二〇〇一）

五九、紅樓夢的寫作技巧（定本）　文學理論　昭明出版社（臺北）　民國九　十年（二〇〇一）

六〇、紅塵六卷（定本）　長篇小說　昭明出版社（臺北）　民國九　十年（二〇〇一）

六一、紅塵法文本　巴黎友豐（you fonq）書局出版　二〇〇四年初版

附　註：

▲北京中國文聯出版社　二〇〇三年出版　大陸教授羅龍炎・王雅清合著《紅塵》論專書

▲臺北市昭明出版社出版墨人一系列代表作，長篇小說《娑婆世界》、一百九十多萬字的空前大長篇《紅塵》（中法文本共出五版）暨《白雪青山》（兩岸共出六版）、《滾滾長紅》、《春梅小史》、《紫燕》，短篇小說集、文學理論《紅樓夢的寫作技巧》（兩岸共出十四版）等書。臺灣中華書局出版的《墨人自選集》共五大冊，收入長篇小說《白雪青山》、《靈姑》、《鳳凰谷》、《江水悠悠》（爲《東風無力百花殘》易名）、《短篇小說・詩選》合集。《哀祖國》及《合家歡》皆由高雄大業書店再版。臺北詩藝文出版社出版的《墨人詩詞詩話》創作理論兼備，爲「五四」以來詩人、作家所未有者。

▲臺灣商務印書館於民國七十三年七月出版先留英後留美哲學博士程石泉、宋瑞等數十人的評論專集《論墨人及其作品》上、下兩冊。

▲《白雪青山》於民國七十八年（一九八九）由臺北大地出版社第三版。

▲臺北中國詩歌藝術學會於一九九五年五月出版《十三家論文》論《墨人半世紀詩選》。

▲《紅塵》於民國七十九年（一九九〇）五月由大陸黃河文化出版社出版前五十四章（香港登記，深圳市印行）。大陸因未有書號未公開發行僅供墨人「大陸文學之旅」時與會作家座談時參考。

▲北京中國文聯出版公司於一九九二年十二月出版長篇小說《春梅小史》（易名《也無風雨也無晴》）；一九九三年四月出版《紅樓夢的寫作技巧》。

▲北京中國社會科學出版社於一九九四年出版散文集《浮生小趣》。

▲北京群眾出版社於一九九五年一月出版散文集《小園昨夜又東風》；一九九五年十月京華出版社出

版長篇小說《白雪青山》大陸版，第一版三千冊，一九九七年八月再版一萬冊。

▲長沙湖南出版社於一九九六年一月初出版墨人費時十多年精心修訂批註的《張本紅樓夢》，分上下兩大冊精裝一萬一千套。立即銷完、因未經墨人親校，難免疏失，墨人未同意再版。

Mo Jen's Works

1950 *The Flames of Freedom*（poems）《自由的火焰》

1952 *Lament for My Mother Country*（poems）《哀祖國》

1953 *Glittering Stars*（novel）《閃爍的星辰》

The Last Choice（short stories）《最後的選擇》

1955 *Black Forest*（novel）《黑森林》

The Hindrance（novel）《魔障》

The Rainbow and An Isolated Island（novel）《孤島長虹》（全集中易名爲富國島）

1963 *The spring Ivy and Old Tree*（novelette）《古樹春藤》

1964 *Narcissus*（novelette）《水仙花》

A Typhonic Night（novelette）《颱風之夜》

Ms.Pei Mong-lan（novelette）《白夢蘭》
The Joy of the Whole Family（novel）《合家歡》
Flower Marriage（novelette）《花嫁》
1965 *White Snow and Green Mountain*（novel）《白雪青山》
The Short Story of Miss Chung Mei（novel）《春梅小史》
The Powerless Spring Breeze and Faded Flowers（novel）《東風無力百花殘》（《江水悠悠》）
Flower Blossom in Loyang（novel）《洛陽花似錦》
1966 *The Writing Technique of the Dream of Red Chamber*（literature theory）《紅樓夢的寫作技巧》
Out of The Wild Frontier（novelette）《塞外》
1967 *A Heart-broken Story*（novel）《碎心記》
1968 *Miss Clever*（novel）《靈姑》
Trifle（prose）《鱗爪集》
1969 *The Road to Promotion*（novelette）《青雲路》
1970 *A Sex-change Story*（novelette）《變性記》
The Biography of the Dragon and the Phoenix（novel）《龍鳳傳》
1971 *A Brilliantly lighted Garden*（novel）《火樹銀花》
1972 *My Floating Life*（prose）《浮生記》

Selection of Mo Jen's Poems《墨人詩選》

A Heart-broken Woman（novelette）《斷腸人》

Phoenix Valley（novel）《鳳凰谷》

Mo Jen's Works（five volumes）《墨人自選集》

Selection of Mo Jen's short stores《墨人短篇小說選》

1978 *Hu Han-ming, the Poet and Revolutionist*（novel）《詩人革命家胡漢民》

1979 *The Mokey in the Heart*（i.e. The Purple Swallow renamed）《心猿》

1980 *The Hermit*（prose）《心在山林》

A Collection of Mo Jen's Prose（prose）《墨人散文集》

A Praise to Mountains（poems）《山之禮讚》

1983 *Mountaineer's Remarks*（prose）《山中人語》

1985 *My Candle Burns at Both Ends*（prose）《三更燈火五更雞》

Flower Market（prose）《花市》

1986 *A Mundane World*（novel, four volumes, over 1.9 million words）《紅塵》

1987 *Remarks on All Poems of the Tang Dynasty*（theory）《全唐詩尋幽探微》

1988 *Remarks On All Tsyr*（prose poem）*of the Tang and Sung Dynasties*（theory）《全唐宋詞尋幽探微》

1991 *The Breeze That Came From The East Last Night in My Little garden Again*（prose）《小園昨夜又東風》

1992 *Travel for Literature in Mainland China*（prose）《大陸文學之旅》

1995 *Selection of Mo Jen's Poems, 1992-1994*《墨人半世紀詩選》

1996 *I'll look upon the World*《紅塵心語》

Chang Edition of the Dream of Red Chamber《張本紅樓夢》（修訂批註）

1997 *Cherish thy guests and the Muses*《年年作伴寒窗》

1999 *Saha Shih Gai*《娑婆世界》

1999 *Remarks on All Poems of the sung Dynasties*《全宋詩尋幽探尋》

1999 *Mo Jen's Classical Poems and Prose Poems*《墨人詩詞詩話》

2004 *Poussiere Rouge*《紅塵》法文譯本

墨人博士創作年表（二〇〇五年增訂）

年度	年齡	發表出版作品及重要文學紀錄摘要
民國二十八年己卯（一九三九）	十九歲	在東南戰區《前線日報》發表〈臨川新貌〉。淪陷區著名的上海《大美晚報》隨即轉載。
民國二十九年庚辰（一九四〇）	二十歲	在《前線日報》發表〈希望〉、〈路〉等新詩作品。
民國三十年辛巳（一九四一）	二十一歲	在《前線日報》發表〈評夏伯陽〉書評等文。
民國三十一年壬午（一九四二）	二十二歲	在各大報發表〈苦難的行列〉、〈贛州禮讚〉（長詩）、〈老船夫〉、〈盲歌者〉、〈自己的輓歌〉、〈抹去那怯弱的眼淚吧〉、〈生命之歌〉、〈快割鳥〉、〈鷂鷹與雲雀〉等詩及散文多篇。
民國三十二年癸未（一九四三）	二十三歲	在各大報發表長詩〈鋤奸隊長〉、〈搜索連長〉、〈遙寄〉、〈寫在第七個七七〉、〈父親〉、〈受難的女神〉、〈城市的夜〉及〈火把〉、〈擊柝者〉、〈橋〉、〈古鐘〉、〈汽笛〉、〈山居〉、〈沙灘〉、〈夜行者〉、〈孤芳〉、〈蚊蟲〉、〈蒼蠅〉、〈園圃〉、〈陽光〉、〈深秋〉、〈贈某詩人兼寫自己〉、〈哀亡命詩人〉、〈自供〉、〈白屋詩抄〉、〈哀歌〉、〈生活〉、〈給偶像崇拜者〉、〈戰書〉、〈燈下獨白〉、〈夜歸〉、〈失眠之夜〉、〈悼〉、〈殘英〉、〈黃昏曲〉、〈補綴〉、〈復活的季節〉、〈擬戀歌〉、〈晨雀〉、〈春耕〉、〈天空的搏鬥〉等長短抒情詩。另發表散文及短篇小說多篇。

民國三十三年甲申（一九三九）	二十四歲	發表〈山城草〉五首及〈沒有褲子穿的女人〉、〈襤褸的孩子〉、〈駝鈴〉、〈無聲的哭泣〉、〈長夜草〉、〈春夜〉、〈擬某女演員〉、〈蛙聲〉、〈麥笛〉等詩及散文多篇。
民國三十四年乙酉（一九四五）	二十五歲	發表〈最後的勝利〉及〈煉獄裏的聲音〉、〈神女〉、〈問〉等長詩與散文多篇。
民國三十五年丙戌（一九四六）	二十六歲	發表〈夢〉、〈春天不在這裡〉等詩及散文多篇。
民國三十六年丁亥（一九四七）	二十七歲	發表〈冬天的歌〉、〈流浪者之歌〉、〈手杖、煙斗〉及長詩〈上海抒情〉等與散文多篇。
民國三十七年戊子（一九四八）	二十八歲	主編軍中雜誌、撰寫時論，均不署名。
民國三十八年己丑（一九四九）	二十九歲	七月渡海抵臺，發表〈呈獻〉、〈滿妹〉，及長詩〈自由的火燄〉、〈人類的宣言〉等及散文多篇。
民國三十九年庚寅（一九五〇）	三十歲	發表〈站起來，捏死他！〉、〈滾出去，馬立克！〉、〈英國人〉、〈海洋頌〉等詩。出版《自由的火燄》詩集。
民國四十年辛卯（一九五一）	三十一歲	發表〈春晨獨步〉、〈炫與殉〉、〈悼三閭大夫屈原〉、〈詩聯隊〉、〈心靈之歌〉、〈子夜獨唱〉、〈真理、愛情〉、〈友情的花朵〉、〈啊，西風啊！〉、〈歲暮吟〉、〈師生〉、〈往事〉、〈天書〉、〈歷程〉、〈雨天〉、〈火車飛馳在海岸淚上〉、〈帶路者〉、〈送第一艦隊出征〉等詩，及〈哀祖國〉長詩。
民國四十一年壬辰（一九五二）	三十二歲	發表〈未完成的想像〉、〈廊上吟〉、〈窗下吟〉、〈白髮吟〉、〈秋夜輕吟〉、〈秋訊〉、〈渴念，追求〉、〈寂寞、孤獨〉、〈冬眠〉、〈我想把你忘記〉、〈想念〉、〈成人的悲歌〉、〈訴〉、〈詩人〉、〈詩〉、〈貝絲〉、「春天的懷念」五首，〈和風〉、〈夜雨〉、〈臺灣海峽的霧〉等及散文、短篇小說多篇。出版《哀祖國》詩集。

民國四十二年癸巳（一九五三）	三十三歲	發表〈寄台北詩人〉等詩及散文短篇小說多篇。高雄百成書店出版短篇小說集《最後的選擇，收入〈華玲〉、〈生死戀〉、〈梅蘭馨〉、〈敵人的故事〉、〈最後的選擇〉、〈蔣復成〉、〈姚醫生〉等七篇。大業書店出版長篇小說《閃爍的星晨》一、二兩冊。
民國四十三年甲午（一九五四）	三十四歲	發表〈雪萊〉、〈海鷗〉、〈鳳凰木〉、〈流螢〉、〈鵝鸞鼻〉、〈海邊的城〉、〈長夏小唱〉及散文、短篇小說多篇。
民國四十四年乙未（一九五五）	三十五歲	發表〈雲〉、〈F-86〉、〈題GK〉等詩及散文、短篇小說多篇。香港亞洲出版社出版長篇小說《黑森林》，並獲中華文獎會國父誕辰長篇小說第二獎（第一獎從缺）。
民國四十五年丙申（一九五六）	三十六歲	發表〈四月〉等詩及散文、短篇小說多篇。
民國四十六年丁酉（一九五七）	三十七歲	發表〈月亮〉、〈九月之旅〉、〈雨和花〉等詩及長篇小說《魔障》。
民國四十七年戊戌（一九五八）	三十八歲	暢流半月刊雜誌社出版長篇連載小說《魔障》。
民國四十八年己亥（一九五九）	三十九歲	發表短篇小說、散文多篇。文壇雜誌社出版長篇小說《孤島長虹》（全集中易名爲《富國島》）。
民國四十九年庚子（一九六〇）	四十歲	發表〈橫貫小唱〉等詩及散文、短篇小說多篇。
民國五十年辛丑（一九六一）	四十一歲	發表〈熱帶魚〉、〈豎琴〉、〈水仙〉等詩及短篇小說甚多。奧國維也納富出版公司編選的《世界最佳小說選》選入短篇說〈馬腳〉，同時入選者有諾貝爾文學獎得主威廉福克納、拉革克菲斯特等世界各國名作家作品。

民國五十一年壬寅（一九六二）	四十二歲	發表〈青鳥〉、〈兩腳獸〉、〈晚會〉、〈祈禱〉等詩及短篇小說甚多。奧國維也納納富出版公司又將短篇小說《小黃》（以江州司馬筆名撰寫者）選入《世界最佳小說選》，同時入選者有諾貝爾獎得主蕭洛霍夫，郭沫若及世界各國名作家作品。
民國五十二年癸卯（一九六三）	四十三歲	香港九龍東方文學社出版中篇小說《古樹春藤》。發表短篇小說、散文甚多。
民國五十三年甲辰（一九六四）	四十四歲	香港九龍東方文學社出版短篇小說集《花嫁》，收入〈教師爺〉、〈劉二爹〉、〈二媽〉、〈異鄉人〉、〈花嫁〉、〈扶桑花〉、〈南海屠鮫〉、〈高山曲〉、〈古寺心聲〉、〈誘惑〉、〈隱情〉、〈美珠〉、〈新苗〉、〈心聲淚影〉等十四篇。高雄長城出版社出版中短篇小說集《水仙花》，收入〈水仙花〉、〈銀杏表嫂〉、〈圓房記〉、〈江湖兒女〉、〈天鵝〉、〈賭徒〉、〈搶親〉、〈黃龍〉、〈風雪歸人〉、〈花子老趙〉、〈景雲寺的居士〉、〈人與樹〉、〈過客〉、〈阿婆〉、〈馬腳〉、〈小黃〉等十六篇。高雄長城出版社出版中短篇小說集《白夢蘭》。收入〈情敵〉、〈空手〉、〈師生〉、〈斷夢〉、〈黃昏曲〉、〈白夢蘭〉、〈平安夜〉、〈凱塞琳、萊蒙托夫與我〉、〈陽春白雪〉、〈亂世佳人〉、〈傷心之旅〉、〈白衣清淚〉、〈護士與病人〉、〈如夢記〉、〈除夕〉等十五篇。　高雄長城出版社出版《中華日報》連載的二十五萬字長篇小說《白雪青山》。　發表短篇小說、散文甚多。
民國五十四年乙巳（一九六五）	四十五歲	高雄長城出版社出版連載長篇小說《洛陽花似錦》、《春梅小史》、《東風無力百花殘》三部。　發表短篇小說、散文甚多。省政府新聞處出版長篇小說《合家歡》。
民國五十五年丙午（一九六六）	四十六歲	是年五月赴馬尼拉華僑文教講習會講授「紅樓夢的寫作技巧」及新詩課程一個月。商務印書館出版文學理論專著《紅樓夢的寫作技巧》，全書共十五萬字。商務印書館出版中短篇小說集《塞外》。收入〈塞外〉、〈鬍子〉、〈百合花〉、〈天山風雲〉、〈白金龍〉、〈白狼〉、〈秋圃紫鵑〉、〈曹萬秋的衣缽〉、〈半路夫妻〉、〈百鳥聲喧〉、〈風竹與野馬〉、〈美人計〉、〈夜襲〉、〈花燭劫〉等十四篇。

民國五十六年丁未（一九六七）	四十七歲	發表短篇小說、散文甚多。 小說創作社出版連載長篇小說《碎心記》。
民國五十七年戊申（一九六八）	四十八歲	小說創作社出版《中華日報》連載長篇小說《靈姑》。水牛出版社出版散文集《鱗爪集》，收入〈家鄉的魚〉、〈家鄉的鳥〉、〈雪天的懷念〉、〈秋山紅葉〉、〈學問與創作之間〉等散文七十六篇、舊詩三首。
民國五十八年己酉（一九六九）	四十九歲	商務印書館出版中短篇小說集《青雲路》。收入〈世家子弟〉、〈青雲路〉、〈空棺記〉、〈久香〉等四篇。
民國五十九年庚戌（一九七〇）	五十歲	商務印書館出版中短篇小說集《變性記》。收入〈變性記〉、〈嬌客〉、〈歲寒圖〉、〈泥龍〉、〈祖孫父子〉、〈秋風落葉〉、〈老夫老妻〉、〈恩愛夫妻〉〈布販與偷雞賊〉、〈芳鄰〉、〈沙漠王子〉、〈沙漠之狼〉、〈世界通先生〉、〈寶珠的祕密〉、〈奇緣〉等十五篇。 幼獅文化事業公司出版長篇小說《龍鳳傳》。臺北立志出版社出版長篇《火樹銀花》出版全集時易名《同是天涯淪落人》。
民國六十年辛亥（一九七一）	五十一歲	立志出版社出版長篇小說《火樹銀花》。 發表散文多篇及在高雄《新聞報》連載長篇小說《紫燕》。
民國六十一年壬子（一九七二）	五十二歲	聞道出版社出版散文集《浮生集》。收入〈文藝的危機〉、〈貝克特高風〉、〈五十年華〉等散文十三篇，舊詩六首。學生書局出版短篇小說散文合集《斷腸人》。收入短篇小說〈斷腸人〉、〈薇薇〉、〈相見歡〉、〈滄桑記〉、〈恩怨〉、〈夜宴〉等七篇及散文〈文學系與文學創作〉、〈大學國文教學我見〉、〈作家之死〉等十五篇。　中華書局出版《墨人自選集》五大冊。包括長篇小說《白雪青山》、《靈姑》、《鳳凰谷》、《江水悠悠》（《東風無力百花殘》易名）及《短篇小說、詩選》（精選短篇小說二十八篇，抒情詩一〇六首），共一百五十萬字。
民國六十二年癸丑（一九七三）	五十三歲	發表散文多篇。 列入英國劍橋國際傳記中心（International Biographical Centre Cambridge England）出版的《國際詩人名錄》（*International Who's Who in Poetry. 1973*）。

民國六十三年甲寅（一九七四）	五十四歲	出席第二屆世界詩人大會。 發表散文多篇。
民國六十四年乙卯（一九七五）	五十五歲	列入正中書局出版的《中華民國文藝史》（1975）。發表〈臺北的黃昏〉新詩一首及散文多篇。
民國六十五年丙辰（一九七六）	五十六歲	列入英國劍橋國際傳記中心出版的 *Men of Achievement. 1976* 發表〈歷史的會晤〉新詩及散文，短篇小說多篇。
民國六十六年丁巳（一九七七）	五十七歲	應 I.B.C 邀請於三月間赴義大利翡冷翠出席國際文藝交流大會（The 3rd I.B.C. Intemational Congress on Arts and Communications）。會後環遊世界。發表〈羅馬之雲〉，〈羅馬之松〉，〈翡冷翠的女郎〉，〈翡冷翠之柳〉，〈塞納河〉等詩及羅馬掠影」，〈單城記〉，〈威尼斯之旅〉，〈藝術之都翡冷翠〉，〈西雅奈與比薩斜塔〉，〈美國行〉，〈江戶，皇宮，御苑〉，〈環球心影〉等遊記。 在《中國時報》發表有關中國文化論文〈中國文化的三條根〉，在《新生報》發表〈文藝界的『洋』瘋癲〉等多篇。
民國六十七年戊午（一九七八）	五十八歲	近代中國社出版長篇傳記小說《詩人革命胡漢民傳》。 列入英國劍橋國際傳記中心出版的《國際名人辭典》（*Dictionary of International Biogaphy.1978*）。《國際知識分子名錄》(*International Who's Who of Intellectual.1978*、《國際人名剪影》 *International Register of Profiles*），《國際社會名人錄》（*International Who's Who in Community Service*），發表〈六月之荷〉詩一首。 在各報發表〈中國文化的宇宙觀〉，〈中國文化的真面目〉，〈文化，社會形態與當代文學創作（爲亞洲文學會議而作）〉，〈人與宇宙自然法則〉等。 出席亞洲文學會議。　列入中華書局出版的《中華民國當代名人錄》(*Who's Who of R.O.C. 1978*）　列入行政院新聞局編印的一九七八年英文《中華民國年鑑名人錄》（*China Yearbook Who's Who*）。

民國六十八年己未（一九七九）	五十九歲	學人文化事業有限公司出版長篇小說《心猿》（《紫燕》易名）。發表短篇小說〈春〉、〈杏林之春〉、長詩〈哀吉米・卡特〉及〈山之禮讚〉五首。短篇〈客從故鄉來〉、〈人瑞〉。理論〈中國古典小說戲劇〉、〈抗戰文學的整理與再創作〉（《中央日報》）等多篇。
民國六十九年庚申（一九八〇）	六十歲	秋水詩刊社出版詩集《山之禮讚》、收集六十四年以後新詩四十四首及七言絕律詩十首。　中華日報社出版散文集《心在山林》、收集〈花甲雲中過〉、〈老當益壯〉、及抒情寫景散文數十篇。 臺中學人文化事業出 版有限公司出版《墨人散文集》收集〈文化、社會形態與當代文學創作〉、〈人與宇宙自然法則〉、〈中國文化的三條根〉、〈宇宙為心人為本〉、〈文藝界的『洋』瘋癲〉等理論性散文數十篇。 在《中央日報・副刊》發表〈紅樓夢研究的正確方向〉，《中華日報・副刊》發表〈人生六十樹常青〉，《青年戰士報・新文藝副刊》發表〈山中人語〉專欄文章〈山水之間〉、〈生命長短價值觀〉、〈寶刀未老〉、〈七進七出鬼門關〉、〈報人甘苦〉、〈杏壇生涯〉等。 接受《大華晚報》採訪組副主任程榕寧兩次訪問，一為談胡漢民生平，一為談《易經》、《道德經》、命學，並發表〈醫學命學與人生〉專文。
民國七十年辛酉（一九八一）	六十一歲	繼續撰寫《山中人語》專欄。 應臺中市《自由日報》特約撰寫《浮生小記》專欄。 應行政院新聞局邀請參觀本省農漁畜牧事業單位，並在《中央日報》發表〈人在福中〉散文。 接受臺灣廣播公司《成功之路》節目訪問，於四月廿七日晚八時半播出。 在高雄《新聞報》發表〈撥亂反正說紅樓〉（六月十七、十八日）論文。
民國七十一年壬戌（一九八二）	六十二歲	九月赴漢城出席第二屆中韓作家會議，並在東京參加中日作家會議，曾暢遊南韓、北海道、大阪至東京名勝地區，歸後撰寫〈韓國掠影〉、〈秋遊北海道〉，發表於《中央日報》。 列入中華民國名人傳記中心出版的《中華民國現代名人錄》。

		列入英國劍橋國際傳記中心出版的《傑出男女傳記》（*Men and Women of Distinction*）並附照片。 列入美國 MarQuis 公司出版的《世界名人錄》（*Who's Who in the World*）第六版。 接受義大利藝術大學授予的文學功績證書。
民國七十二年癸亥（一九八三）	六十三歲	商務印書館出版散文集《山中人語》，收集散文七十篇。
民國七十三年甲子（一九八四）	六十四歲	商務印書館出版《論墨人及其作品》上、下兩冊，包括評論文章六十餘篇。 列入義大利 Accademia Itlia 出版英、法、德、義四種文字的《國際文學史》（*The History of International Literature*）及《百科全書：當代人物（*The Encyclopadeia: Contemporary Personalities*）。 端午節（六月四日）開筆撰寫已構思準備十餘年的一百餘萬字的大長篇小說《紅塵》，年底完成初稿四十餘萬字。 十月在韓國漢城舉行的第四屆中韓作家會議，事忙未能出席，但提出一萬餘字的論文〈古典與現代〉一篇。
民國七十四年乙丑（一九八五）	六十五歲	由江山出版社出版《三更燈火五更雞》、《花市》散文集等兩本，前者收入散文、理論二十四篇，後者收入散文遊記二十七篇。 八月一日退休，專心寫作《紅塵》，於十二月底完成九十二章，告一段落，共一百二十萬字，超出《紅樓夢》十餘萬字，內有絕律詩（聯）三十一首。
民國七十五年丙寅（一九八六）	六十六歲	年初開始研讀《全唐詩》，撰寫《全唐詩尋幽探微》，十一月完成，共十二萬餘字，一面在《新聞報・西子灣》發表，並連同歷年所作絕律詩三十七首，定名爲《墨人絕律詩集》，一併交與臺灣商務印書館簽約出版。 列入美國 A.B.I.出版的 5000 Personalities of the World；英國 I.B.C.出版的 *The International Authors and Writers Who's Who.*

民國七十六年丁卯（一九八七）	六十七歲	訪問考察東南亞地區、國家馬來西亞、新加坡、泰國、菲律賓、香港十七天，並出席多次座談會。 商務印書館出版《全唐詩尋幽探微》（附《墨人絕律詩集》）。 《紅塵》長篇小說於三月五日開始在（臺灣新生報）連載。 七月四、五日出席在臺北市召開的抗戰文學研討會。 八月一日出席在高雄市召開的第七屆中韓作家會議。
民國七十七年戊辰（一九八八）	六十八歲	元月二日完成《全唐宋詞尋幽探微》（附《墨人詩餘》）全書十六萬字。設於美國深受世界尊重的「國際大學基金會」（The Marguis Giuseppe Scicluna 1855-1907 Intemarional University Foundation）（Founded 1973）授予榮譽文學博士學位。
民國七十八年己巳（一九八九）	六十九歲	臺灣商務印書館出版《全唐宋詞尋幽探微》。 臺北大地出版社三版長篇小說《白雪青山》。 世界大學（World University）授予榮譽文學博士學位。
民國七十九年庚午（一九九〇）	七十歲	五月應大陸黃河文化實業公司邀請，作四十天文學之旅，與北京、上海、杭州、九江、武漢、西安、蘭州等地作家座談中華文化、文學創作，坦誠交換意見，獲得一致共識、真摯友情與尊敬，廣州電視臺並全程錄影，製作專輯播出，六月底返臺後即撰寫《大陸文學之旅》專著。 艾因斯坦國際學院基金會（Albert Einstein 1879-1955 Intemational Academy Foundation）授予榮譽人文學博士學位。 榮列英國劍橋國際傳記中心出版的 IBC Book of Dedications.占全書篇幅五頁，刊登照片五張，介紹五十年創作生涯，十分翔實，篇幅之大，爲全書冠，並禮聘爲 IBC 副總裁。
民國八十年辛未（一九九一）	七十一歲	二月底新生報出版《紅塵》，二十五開本，上、中、下三鉅冊。黎明文化事業公司出版《小園昨夜又東風》散文集。 應香港廣大學院禮聘爲中國文學研究所客座指導教授。 《紅塵》榮獲新聞局著作金鼎獎及嘉新優良著作獎。

民國八十一年壬申（一九九二）	七十二歲	文史哲出版社出版《大陸文學之旅》。 應聘香港廣大學院中研所客座指導教授。 一月五日開筆寫《紅塵續集》，自九十三章起至一百二十章止，共四十萬字，六月十日完稿，《紅塵》全書共一百九十萬字。續集自十二月一日開始在《臺灣新生報・副刊》連載近年，雙破長篇鉅著及連載紀錄。中國廣播公司《中廣小說選播》節目，亦於十二月一日十四時三十分，在AM657千赫第一廣播網開始播出長篇鉅著《紅塵》上、中、下三冊，由戴愛華小姐導播，集該公司播音精英，通力合作，龍老夫人一角由播音元老白銀飾演，其餘人物均爲一時之選，效果奇佳，前所未有。　北京「中國文聯出版公司」出版《也無風雨也無晴》。 墨人故鄉九江《師專學報》，於本年起開闢《墨人研究》專欄，與《陶淵明研究》、《黃山谷研究》，並稱三大專欄，甚受教育、學術界重視。
民國八十二年癸酉（一九九三）	七十三歲	十月下旬，偕《秋水》詩刊同仁涂靜怡、雪柔、麥穗、汪洋萍、風信子、林蔚穎等爲慶祝《秋水》創刊二十周年，訪問哈爾濱、北京、西安三大都市，與當地詩人座談交流，水乳交融，兩岸詩人因而建立深厚友誼。十一月初，隻身訪問昆明、探親，昆明作協主席曉雪、八十多歲老作家李喬、小說家張昆華、《春城晚報》副總編輯熊廷武、副刊主編原因、理論家教授余斌、作家湯世傑、李錦華等集會歡迎，其中多爲白族、彝族等少數民族作家，乃以雲南少數民族文化資源努力創作相勉，深獲共鳴。資深作家彭荊風，晚間並來下榻處暢談。 繼續應聘香港廣大學院中研所客座指導教授三年。 十二月新生報社出版《紅塵續集》，全書共四大冊，其實前後一貫，爲一整體，該報爲方便，乃以《續集》名之。一生心願心血得以完成，在輕、薄、短、小及商品文學獨占市場情況下，亦一大異數。北京「中國文聯出版公司出版《紅樓夢的寫作技巧》。

民國八十三年甲戌（一九九四）	七十四歲	一月開始研讀自北京購回的《全宋詩》，擬續寫《全宋詩尋幽探微》。 四月十一日接受臺北復興廣播電臺《名人專訪》節目主持人裴雯小姐訪問：談一生寫作歷程及大長篇《紅塵》寫作經過。 臺北《世界論壇報》副社長兼副刊主編詩人評論家周伯乃先生，特自五月三十一日起一連三天出版特刊，慶祝七十晉五誕辰暨創作五十五周年，除刊出〈小傳〉、〈七五人生一首詩〉、〈中國新詩與傳統詩詞的整合〉、〈叩開生命之門〉三篇新作外，並刊出蒙古族女詩人作家薩仁圖婭的〈墨人：屈原風骨中華魂〉，及馬來西亞霹靂州立女子中學校長，詩詞家、散文作家彭士麟女士論《紅塵》與大陸作家作品比較的書信，墨人著作校長，詩詞家、散文作家彭士麟女士論《紅塵》與大陸作家作品比較的書信，墨人著作目錄、美國兩個榮譽文學博士、一個人文學博士照片三張，《紅塵》獲獎照片一張，及周伯乃〈無限的祝禱〉文等。 八月七日，中國時報系的《工商日報．讀書版．大書坊》刊出蓓齡的《紅塵》墨人專訪文章，並配合攝影記者何日昌拍攝的墨人及《紅塵》四冊照片。 大陸廣州暨南大學中文系教授兼臺港暨海外華文文學研究中心主任、評論家潘亞暾，費時月餘撰寫《紅塵續集》論文達一萬餘字的〈偉大史詩的歸結〉，於九月二十一至二十五日在臺北市《世界論壇報．副刊》全文刊出，見解不凡，對《續集》的成功更使他大吃一驚，因此，更肯定《紅塵》的史詩價值、地位。 八月二十八日第十五屆世界詩人大會在臺北召開，僅提出〈中國新詩與傳統詩詞的整合〉論文一篇，並未出席、論文則由《中國詩刊》主編曾美霞女士代讀。
民國八十四年乙亥（一九九五）	七十五歲	一月，臺北文史哲出版社出版《墨人半世紀詩選》（一九四二—一九九四）。 一月十日應臺北廣播電臺《藝文夜話》主持人宋英小姐訪問，許導播秀玲決定十日開播《紅塵》全書四冊，每日廣播兩次。 中國詩歌藝術學會主辦、中國文藝協會協辦，於五月二十二日在臺北市中國文藝協會舉行《墨人世半紀詩選》學術研討會，與會詩人、評論家六十餘人，討論情況熱烈，並印發海峽兩岸評論家王常新、古繼堂、古遠清、李春生、楊允達、周伯乃等十三家論文專集。各家均推崇、肯定新舊詩兩方面的成就與半個多世紀的貢獻。

		英國劍橋國際傳記中心頒贈二十世紀文學傑出成就獎。 榮列一九九五年英國劍橋國際傳記中心出版的 The Definitive Book of the Deputy Directors General of the IBC.佔全書篇幅五頁，刊登照片五張，爲全書之冠。
民國八十五年丙子（一九九六）	七十六歲	臺北圓明出版社出版涵蓋儒、釋、道三家思想的散文集《紅塵心語》。卷首有珍貴的文學照片十餘張。 臺北中國詩歌藝術學會出版《十三家論文》論《墨人半世紀詩選》。
民國八十六年丁丑（一九九七）	七十七歲	臺北中天出版社出版與《紅塵心語》爲姊妹集的散文集《年年作客伴寒窗》，各篇亦均以五、七言詩作題，內中作者詩詞亦多，並附錄珍貴文學資料訪問記、特寫、著作目錄等十餘篇。出任「乾坤」詩刊顧問，並主編該刊古典詩詞。完成《墨人詩詞詩話》、《全宋詩尋幽探微》兩書全文。
民國八十七年戊寅（一九九八）	七十八歲	構思六年的以佛學精義結合修行心得化爲文學創作的長篇小說《娑婆世界》，於三月二十八日開筆，十二月脫稿。共三十八章，五十多萬字。 英國劍橋國際傳記中心（IBC）出版《二十世紀傑出人物》以照片配合文字將墨人傳記刊卷首重要位置，並頒發獎狀。大陸中國國際經濟文化交流促進會、燕京國際文化藝術研究會等七大單位編纂出版的《世界華人文學藝術界名人錄》，中國國際交流出版社出版的《世界名人錄》，均爲十六開巨型中文本。
民國八十八年己卯（一九九九）	七十九歲	本年爲來臺五十周年，創作六十周年，中國習俗八十歲，昭明出版社出版長篇小說《娑婆世界》。 美國傳記學會（ABI）出版二十世紀《五百位有影響力的領袖》，以照片配合文字將墨人傳記刊於卷首重要位置並頒發獎狀。照片及詩詞五首編入中國《當代吟壇》巨著。　美國「世界智庫」與艾因斯坦國際學會基金會」聯合頒贈墨人傑出成就榮譽獎，以紀念千禧年，並榮列中國出版的《中華精英大全》。 美國傳記學會頒贈墨人「二十世紀成就獎」。

民國八十九年庚辰（二〇〇〇）	八十歲	臺北昭明出版社陸續出版定本長篇小說《白雪青山》、《滾滾長江》、《春梅小史》；文學理論《紅樓夢的寫作技巧》，連同民國八十八年出版的長篇小說《娑婆世界》，並列爲墨人一系列代表作品，以慶祝墨人八十整壽。臺北詩藝文出版社出版《墨人詩詞詩話》。臺北文史哲出版社出版《全宋詩尋幽探微》。
民國九十年辛巳（二〇〇一）	八十一歲	臺北昭明出版社出版長篇小說定本《紅塵》全書六冊及長篇小說《紫燕》定本。
民國九十一年壬午（二〇〇二）	八十二歲	五月三日偕長子選翰赴上海訪友小住。英國劍橋國際傳記中心授予「終身成就獎」。
民國九十二年癸未（二〇〇三）	八十三歲	八月底偕夫人及在臺子女四人經上海轉往故鄉九江市掃墓探親並遊廬山。
民國九十三年甲申（二〇〇四）	八十四歲	準備出版全集（經臺北榮民總醫院檢查無任何疾病。）巴黎 you-Feng 書局出版豪華典雅法文本《紅塵》。
民國九十四年乙酉（二〇〇五）	八十五歲	此後五年不遠行，以防交通意外，準備資料。計劃百歲前開筆撰寫新長篇小說。北京「中央出版社」出版《強國丰碑》，以著名文學家張萬熙爲題刊出墨人傳略，爲臺灣及海外華人作家唯一入選者。並先後接到北京電話、書函邀請寄送資料編入《一代名家》、《中華文化藝術名家名作世界傳播錄》。
民國九十五年丙戌（二〇〇六）至民國一百年（二〇一一）——	八十六歲至九十二歲——	重讀重校全集，已與臺北市文史哲出版社簽訂出版《墨人博士作品全集》合約，民國一百年年內可以出版。此爲「五四」以來中國大陸與臺灣所未有者。